Gabriela Eibl
Simonetta Kokott
Manfred Reichgeld

Herbst in der Grundschule

Neuausgabe

Oldenbourg

PRÖGEL PRAXIS 229

Bibliografische Information Der Deutschen Bibliothek
Die Deutsche Bibliothek verzeichnet diese Publikation in der Deutschen Nationalbibliografie; detaillierte bibliografische Daten sind im Internet über <http://dnb.ddb.de> abrufbar.

1. Auflage 2003 RE
Druck 07 06 05 04 03
Die letzte Zahl bezeichnet das Jahr des Drucks.

Umschlagkonzept: Mendell & Oberer, München
Umschlaggestaltung: Lutz Siebert-Wendt
Lektorat: Stefanie Fischer, Silvia Regelein, Julia Kluge
Herstellung: Fredi Grosser
Zeichnungen: Uta Fischer, München
Zeichnungen auf S. 36, 58, 69: Irmtraut Guhe, München; auf S. 12, 21, 59: Andrea Frick, Quimper; auf S. 61, 171: Wolfgang Freitag, Ahrensburg
Satz: Greipel-Offset, Haag/Obb.
Druck und Bindung: Schneider Druck GmbH, Rothenburg ob der Tauber

ISBN 3-486-**96029**-6

Inhalt

Vorwort

Der Herbst ist für Kinder eine abwechslungsreiche Jahreszeit, die drinnen wie draußen zu vielen Aktivitäten und intensiven Erfahrungen mit allen Sinnen anregt.
Durch entdeckendes und selbsttätiges Lernen „begreifen" die Kinder verschiedene „Herbsterscheinungen" und finden Antworten auf viele Fragen wie z. B.: Wie verändert sich die Natur im Herbst? Warum färben sich die Blätter und fallen ab? Wie entstehen Regen, Wind und Nebel? Wie können wir das Wetter „messen"? Wie kann ich gesund bleiben? Was tun die Tiere im Herbst? Dabei wird selbstverständlich auch der emotionale Bereich berücksichtigt. Beim Erleben der Natur sollen die Kinder sie achten lernen und ihr verantwortungsvoll und rücksichtsvoll begegnen.

Für die Spiele werden folgende Würfel benötigt:

- „1-2-3-Würfel": Dieser Würfel ist zweimal mit den Zahlen 1, 2, 3 beschriftet. Je nach gewürfelter Zahl darf der Spieler die entsprechende Zahl von Kärtchen aufdecken oder nehmen.
- „Du-darfst-Würfel": Dieser Würfel hat je drei rote und drei grüne Punkte. Bei Grün darf der Spieler ein Kärtchen umdrehen oder nehmen, bei Rot nicht.

Es empfiehlt sich, alle kopierfähigen Vorlagen auf 150 % zu vergrößern (entspricht in etwa DIN-A4-Format).

Wir wünschen Ihnen und den Kindern viel Freude und Erfolg beim Ausprobieren unserer herbstlichen Unterrichtsideen.

1. Es ist wieder Herbst

Herbstmotive in Gedichten

Herbstbild

Dies ist ein Herbsttag, wie ich keinen sah!
Die Luft ist still, als atmete man kaum,
und dennoch fallen raschelnd, fern und nah,
die schönsten Früchte ab von jedem Baum.

O stört sie nicht, die Feier der Natur!
Dies ist die Lese, die sie selber hält,
denn heute löst sich von den Zweigen nur,
was von dem milden Strahl der Sonne fällt.

Friedrich Hebbel

(Aus: Benno von Wiese (Hrsg.), Deutsche Gedichte. August Bagel. Düsseldorf 1958)

Anmerkungen zum Text
Das um 1850 entstandene Gedicht von Friedrich Hebbel beschreibt einen Herbsttag („wie ich keinen sah"). Wie ein in Sprache gefasstes Stillleben („Herbstbild") entfaltet der Autor die nahezu atemlose Stille einer in sich ruhenden selbstvergessenen Natur. Durch nichts gestört wird diese Idylle, in der der Sonne milder Strahl die überreifen Früchte von den Zweigen löst und die Natur ihre eigene Ernte feiert.
Ähnlich wie Mörike in seinem Gedicht „Septembermorgen" sieht Hebbel „herbstkräftig die gedämpfte Welt in warmem Golde fließen".

Die Kinder sitzen im Gesprächskreis: „Herbstbild" heißt das Gedicht, das vor mehr als 150 Jahren entstanden ist ... Ein Herbstbild kann man nicht nur mit Farben und Pinsel malen ...
Nach dem Gedichtvortrag folgt eine kurze Einlesephase, nach der mögliche Verständnisfragen geklärt werden.

In der Gruppe sprechen die Kinder über Möglichkeiten, sich dem Text weitergehend und intensiver zu nähern. Ihre Ideen und Vorschläge („Meine Fragen an das Gedicht/an den Autor") sammeln sie auf Karteikarten.
Dabei könnten (u. a.) folgende Ideen, Fragen und Vorschläge entwickelt und angesprochen werden:

- Was „sieht“ und „hört“ der Autor?
- Hebbel nimmt den Herbsttag mit allen Sinnen auf.
- Welche Früchte meint der Autor in den Versen 3 und 4?
- Das „Herbstbild in Worten“ kann man auch mit Farben und Pinsel malen.
- Das Gedicht ist nicht an einem Nebeltag im Herbst entstanden.
- Wie lässt sich die Stimmung des Autors beschreiben?
- „Das ist ein Herbsttag, wie ich keinen sah.“ – Eigene Herbstbilder beschreiben
- Die andere Seite des Herbstes: „Nebel hüllet ein die Welt...”
- Das „Herbstbild“ im Sinne des Autors in einer Collage/Montage darstellen
- Das Gedicht mit anderen Herbstbildern (in Gedichten) vergleichen
- Die Reimstruktur des Textes untersuchen (abab – Kreuzreim)
- Den Text klang- und sinngestaltend lesen, sodass die Stille des Herbsttages, die „Feier der Natur“ und die heiter-überschwengliche Stimmung des Autors zum Ausdruck kommen.
- Situationen beschreiben, in denen das Gedicht entstanden sein könnte

Eine Möglichkeit der Darstellung der Ergebnisse:
Im Schulgebäude (z. B. im Flur) hängt eine mit erläuternden Hinweisen versehene, angefangene Collage oder Montage (Tapetenrolle, 2 – 3 m lang, rückseitig an der Wand befestigt), die von den Kindern als „unendliche Herbstgeschichte“ fortgeführt werden soll. Gedichte, Bilder, Texte, Fotos, Bastelanleitungen, Zeitungsausschnitte usw. können dazugeheftet werden und so dem Betrachter die vielfältigen Aspekte und Themen des Herbstes vor Augen führen.
Als zusätzliches Angebot können geeignete Texte (Gedichte, Sachtexte, Bastelanleitungen) „zum Mitnehmen“ vervielfältigt und der Collage hinzugefügt werden.

Goldene Welt

Im September ist alles aus Gold:
Die Sonne, die durch das Blau hinrollt,
das Stoppelfeld,
die Sonnenblume, schläfrig am Zaun,
das Kreuz auf der Kirche,
der Apfel am Baum.

Ob er hält? Ob er fällt?
Da wirft ihn geschwind
der Wind
in die goldene Welt.

Georg Britting

(Aus: Georg Britting, Sämtliche Werke, Bd. IV: Gedichte 1940 – 1964. SW List Verlag. München 1996)

In der ersten Strophe des Textes werden für Kinder verständlich „einige Dinge“ aufgereiht, die sich im September aus Gold darstellen: die Sonne, das Stoppelfeld ...
Die Antwort auf die Frage in der zweiten Strophe beschreibt in einem weiteren Aspekt die besondere Atmosphäre der Jahreszeit. Inhalt und Form des lyrischen Textes entsprechen einander. Es ist leicht zu entdecken, dass in den breiten und kurzen Vokalen (o in Gold, i in Wind) die klanglichen Möglichkeiten der Sprache sich nicht zufällig in der vorliegenden Form finden.

Neben den inhaltlichen können auch sprachgestalterische Aspekte (klanggestaltendes Lesen u. a.) erarbeitet werden. Daneben bieten sich bildhafte Lösungen an, die „Goldene Welt“ gleichsam mit Pinsel und Farbe, mit Tönen und Klängen oder in entsprechenden Bewegungen aus je anderer Perspektive zu sehen und neu zu erzählen.

September

Es kommt eine Zeit
da hat die Sonne
alle Arbeit getan
die Äpfel sind rot
die Birnen sind gelb
und die Marktfrauen rufen
Pflaumen schöne Pflaumen

Es kommt eine Zeit
da wird die Sonne müde
und immer kleiner

So klein wie eine Orange
die nach Afrika zurückrollt
wie ein Taler
der von einer Hand zur anderen wandert
wie der Knopf
vom Matrosenkleid

So klein wird die Sonne
dass der Himmel sie nicht mehr halten kann

Sie rollt übers Dach
rollt hintern Berg
jetzt kann sie keiner mehr sehen

Elisabeth Borchers

(Aus: Elisabeth Borchers, Und oben schwimmt die Sonne davon. Verlag H. Ellermann. München 1965)

Vorschläge zum bildnerischen Gestalten

- Aus dem Text oder aus Teilen des Textes und Bildmaterial (ausgeschnitten und/oder selbst hergestellt) wird eine Collage oder Montage angefertigt. Dazu werden Textteile oder einzelne Wörter unterschiedlich vergrößert und passende Text- und Notenteile aus Herbstliedern verwendet.
- Zum Gedicht zeichnen oder malen: z. B.: „Die Sonne wird müde und immer kleiner“, „Die Sonne rollt übers Dach … hintern Berg“. Auch die Metaphern „wie ein Taler, wie eine Orange …“ lassen sich bildnerisch darstellen (die Sonne als Taler …).
- Ein Textblatt illustrieren: Apfel, Birne und Pflaume werden unterschiedlich groß auf Pappe gezeichnet und ausgeschnitten. Dann werden sie als Druck-

schablonen verwendet, indem die Kinder Farbe auf sie auftragen und damit den weißen Rand um den Text herum bedrucken. Man kann auch Korken als Farbträger benutzen oder die Kinder einen Illustrationsrand zeichnen lassen.

Septembermorgen

Im Nebel ruhet noch die Welt,
noch träumen Wald und Wiesen:
bald siehst du, wenn der Schleier fällt,
den blauen Himmel unverstellt,
herbstkräftig die gedämpfte Welt
in warmem Golde fließen.

Eduard Mörike

(Aus: H. Göpfert (Hrsg.), Eduard Mörike. Sämtliche Werke. Carl Hanser Verlag. München 1961)

Die gefühlsbetonte, heiter-überschwengliche Grundstimmung, das subjektive Naturerleben Mörikes schwebt hier – ähnlich wie in seinem Frühlingsgedicht „Er ist's" wie „trunkener Blütenduft" – zwischen den Zeilen ...

Wenn wir die beiden Gedichte „Er ist's" und „Septembermorgen" nebeneinander stellen, entdecken wir neben den semantischen und syntaktischen Unterschieden vor allem die inhaltlichen, gehaltlichen und atmosphärischen Übereinstimmungen.
Ein Vergleich mit Georg Brittings „Goldene Welt" oder „September" von Elisabeth Borchers führt zu weiteren Einsichten und vermittelt den Kindern in der verdichteten Form lyrischen Sprechens etwas von der unterschiedlichen Sicht der Dinge um uns.

Bauernregeln

Bauernregeln für den September

In viel Septembernebel seh
ein Zeichen für viel Winterschnee.

Bringt Lambertus Regen,
folgt ein Herbst mit wenig Segen. (18. 9.)

Bringt Michael Wind aus Nord und Ost,
bedeutet's starken Winterfrost. (29. 9.)

Wenn im September viel Spinnen kriechen,
sie einen harten Winter riechen.

Bauernregeln für den Oktober

Regen an St. Remigius
Bringt den ganzen Monat Verdruss. (1. 10.)

Mit St. Hedwig und St. Gall,
schweigt der Vögel Sang und Schall. (16. 10.)

Wer an St. Lukas Roggen streut,
hat es im Jahr darauf nicht bereut. (18. 10.)

Wenn's St. Severin gefällt,
bringt er mit die erste Kält. (23. 10.)

Schreibwerkstatt

Kalendergeschichten

- Die Kinder suchen sich ein Herbstkalenderbild aus und schreiben dazu einen Satz oder eine Geschichte (je nach Leistungsfähigkeit und Alter).
- In der Gruppe erfinden die Kinder zu drei bis vier verschiedenen Bildern eine zusammenhängende Geschichte. Alle Bilder (Postkarten, Kalenderbilder, Bilder vom „Herbstbotenspiel“ s. S. 20 ff) liegen verdeckt in der Mitte. Das erste Kind deckt ein Bild auf und erzählt dazu den Anfang der Geschichte. Das zweite Kind deckt ein weiteres Bild auf und versucht, die Geschichte fortzusetzen usw.
- Hilfe: Die Lehrerin legt einen Erzählrahmen fest, z. B. „Ein Spaziergang im Herbst“, „Was mir am Herbst so gefällt“ oder „Der Herbst ist da“.
- Die Gruppe kann die Geschichte auch aufschreiben.

Bildwörter

Die Kinder versuchen, Herbsterscheinungen bildlich darzustellen, z. B. einzelne Wörter, wie Nebel, Regen, Nüsse, Blätter, Sonnenblume, Äpfel (siehe auch Kapitel 4)

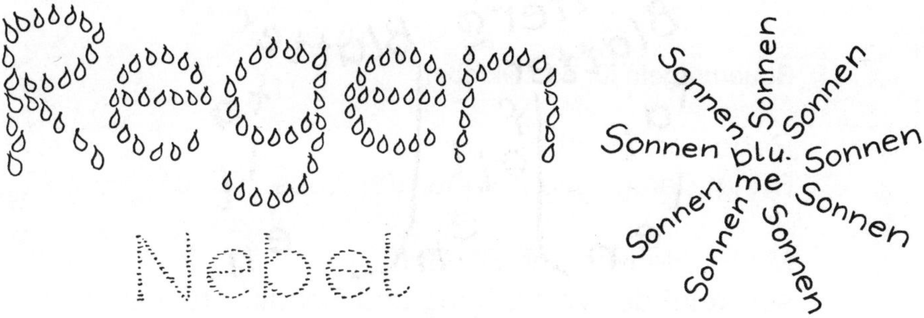

- Die Buchstaben des Wortes „Herbst“ aus Blättern, Nüssen, Regentropfen, Kastanien, Drachen und Äpfeln zeichnen (z. B. für die Titelseite eines Herbstbuches).

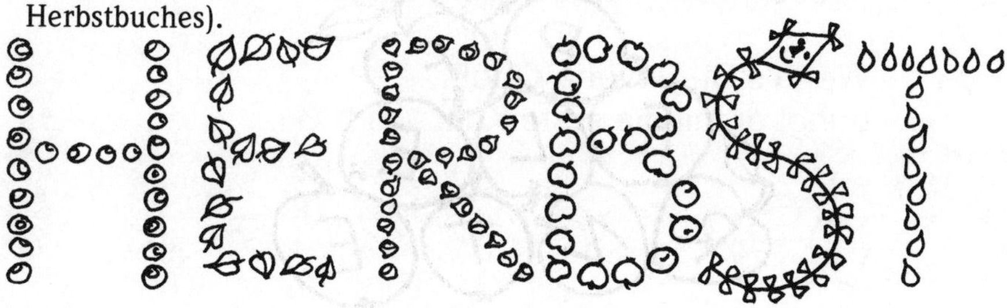

- Nebelwörter
  Wörter werden aufgeschrieben und durch „Nebel“ (Übermalen mit Bleistift) fast unleserlich gemacht (Schwerpunkt: richtig schreiben).

- Blätter fallen

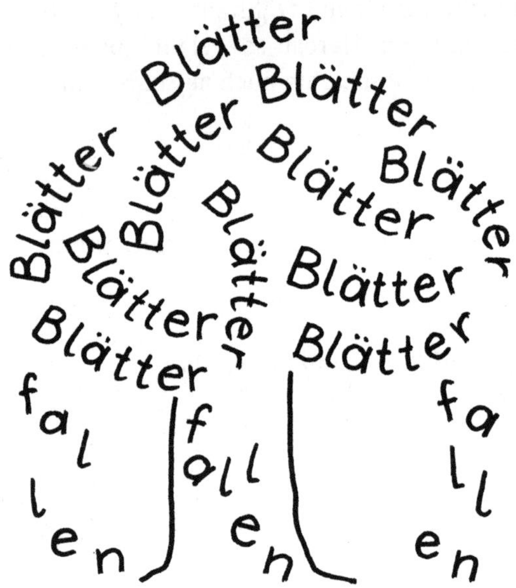

- Obsternte

- Leistungsstarke Kinder gestalten auch Sätze in ähnlicher Form, z. B.:
Der Wind weht den Hut vom Kopf.

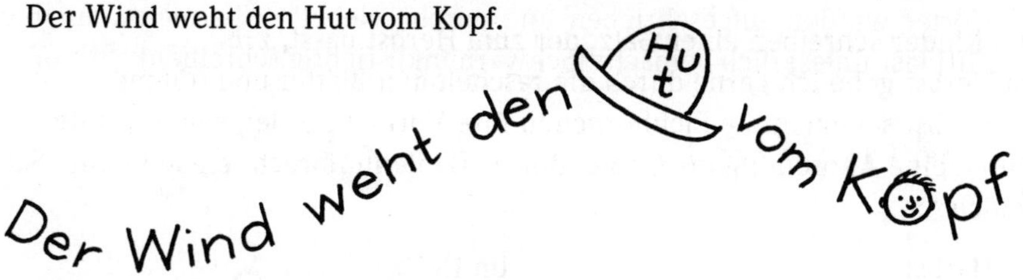

Der Wind lässt die Drachen steigen.

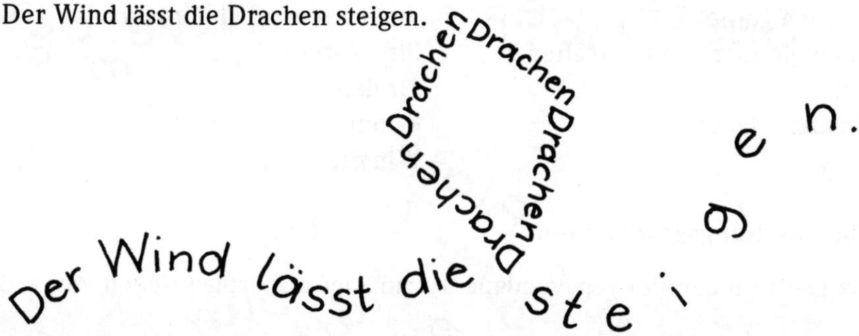

Akrostichon

Die Kinder suchen im Wörterbuch zu jedem Buchstaben eines „Herbstwortes“ ein passendes Wort, z. B.:

H	HIMMEL	O	OBST
E	ERNTE	K	KOBEL
R	RÜBEN	T	TANNENZAPFEN
B	BLÄTTER	O	OFEN
S	STURM	B	BÄUME
T	TIERE	E	EICHHÖRNCHEN
		R	REGEN

W	WIND	W	WOLKE
O	OBST	E	ERNTE
L	LANDSCHAFT	T	TEMPERATUR
K	KALT	T	TROSTLOS
E	EICHHÖRNCHEN	E	EISIG
N	NEBEL	R	REGEN

„Satzgedichte“

Die Kinder schreiben einen Satz, der zum Herbst passt, z. B.:
Im Herbst gehe ich gerne durch die raschelnden Blätter und träume.
Im Herbst sammeln die Eichhörnchen ihre Vorräte für den kalten Winter.
Durch eine Anordnung in „Gedichtform“ (Zeilenumbruch) entsteht ein „Satzgedicht“:

Im Herbst
gehe ich gerne
durch die raschelnden Blätter
und
träume.

Im Herbst
sammeln die Eichhörnchen
ihre Vorräte
für den
kalten
Winter.

Überraschungsgeschichten

Die Lehrerin bereitet verschiedene Satzanfänge auf Papierstreifen vor, z. B.:

Als ich gestern ...
Ich ging spazieren, da ...
Zuerst ...
Heute auf dem Schulweg ...
Neulich im Wald ...
Danach ...
Darauf ...

Ich ...
Dort ...
Auf dem Baum ...
Ich entdeckte ...
Zuletzt ...
Am Schluss ...
Das war ...

Einsatzmöglichkeiten:
- Die Kinder nehmen sich einen Satzstreifen und vervollständigen den Satz.
- Leistungsstärkere Kinder bilden aus mehreren Satzanfängen eine zusammenhängende Geschichte und schreiben sie auf.

Wann ist Herbst?

In einer Fantasiereise werden die Kinder auf einen Herbstspaziergang geschickt. Anschließend sollen sie verschiedene Herbsterscheinungen nennen und aufschreiben, z. B.:

Wenn die Blätter fallen,
wenn die Drachen steigen,
wenn die Äpfel fallen,
wenn die Eichhörnchen Wintervorräte sammeln,
wenn der Wind um die Ecken pfeift,

wenn bunte Blätter im Wind tanzen,
wenn der Regen prasselt,
wenn die Kinder Kastanien sammeln,
...
dann ist Herbst.

(nach einer Idee von W. Metze u. a., Jo-jo Fibel Grundschule Bayern. Cornelsen Verlag. Berlin 2001, S. 70)

Cluster

Die Kinder sammeln in der Gruppe möglichst viele Herbstwörter. Anschließend sucht sich jedes Kind ein Wort davon aus und schreibt es auf ein Stück Papier in Blattform. Aus diesen Wörtern bildet jedes Kind seine eigene Geschichte und schreibt sie auf. Die verschiedenen Geschichten aus den gleichen Wörtern werden anschließend vorgelesen und verglichen.

Materialien und Spielideen für den offenen Unterricht

Herbstsuchsel: Wie oft hat sich das Wort „Herbst" versteckt?
Hilfe: Du kannst es fünf Mal finden.

N	U	I	C	R	I	H	I	S	A	D	F	M	E
W	H	N	L	O	A	E	B	R	N	S	R	D	E
B	N	O	T	H	E	R	B	S	T	E	N	A	N
R	H	I	L	F	K	B	P	F	E	L	U	D	O
E	N	E	C	N	E	S	U	M	A	R	H	O	T
A	H	E	R	B	S	T	S	B	O	A	E	T	H
L	F	E	I	B	L	C	H	V	G	M	R	B	S
U	G	L	C	K	S	E	D	I	R	I	B	V	E
V	I	S	A	N	M	T	I	M	A	M	S	O	I
S	D	A	S	R	I	M	T	H	C	A	T	M	U
C	H	B	L	M	N	A	M	D	T	R	F	L	R

Lösung:

N	U	I	C	R	I	H	I	S	A	D	F	M	E
W	H	N	L	O	A	E	B	R	N	S	R	D	E
B	N	O	T	H	E	R	B	S	T	E	N	A	N
R	H	I	L	F	K	B	P	F	E	L	U	D	O
E	N	E	C	N	E	S	U	M	A	R	H	O	T
A	H	E	R	B	S	T	S	B	O	A	E	T	H
L	F	E	I	B	L	C	H	V	G	M	R	B	S
U	G	L	C	K	S	E	D	I	R	I	B	V	E
V	I	S	A	N	M	T	I	M	A	M	S	O	I
S	D	A	S	R	I	M	T	H	C	A	T	M	U
C	H	B	L	M	N	A	M	D	T	R	F	L	R

Herbst-ABC

Die Kinder ordnen die vorgegebenen Wörter nach dem ABC:

Ahorn	Ameise	Blätter	Beeren
Dornen	Dahlien	Ernte	Fuchs
Gummistiefel	Hagebutten	Igel	Jacken
Kälte	Kastanien	Laub	Mäuse
Mantel	Nebel	November	Oktober
Obst	Pfützen	Regen	Sturm
September	Sonnenblumen	Tropfen	Vogelbeere
Vorräte	Wind	Wetter	Zimmer

Schwierigere Variante:
Die Kinder stellen selbst ein Herbst-ABC zusammen.

Gedichte-Puzzle

Die Lehrerin schreibt im Unterricht behandelte Gedichte auf die Rückseite von Kalenderblättern oder Postkarten mit Herbstmotiven. Anschließend werden die Gedichte nach einem Satz oder Sinnschritt auseinandergeschnitten. Die Kinder setzen die Teile wieder zusammen und erfahren dabei, ob sie das Gedicht schon auswendig können.
Schwierigere Variante: Es werden mehrere (motivgleiche) Gedichte gemischt.

Wir suchen Herbstwörter (Zusammengesetzte Namenwörter)

Herbst	Früh	Eis	**NEBEL**	Lampe	Licht	Schleier
Eis	Niesel	Schnee	**REGEN**	Schirm	Wetter	Wolke
				Wald	Dach	Schutz
				Mantel	Rinne	
Herbst	Gewitter		**WIND**	Spiel	Richtung	Stärke
			HERBST	Wetter	Bote	Anfang
				Tag	Wald	Wind
				Nebel		

Möglichkeiten:

- Die Kinder setzen die **geordneten** Namenwörter zusammen, z. B.: Herbstnebel, Nebellampe, Eisregen, Regenschirm.
- Schwierige Aufgabe: Die Kinder wählen aus den **ungeordneten** Wörtern die aus, die zusammenpassen und entscheiden, welches Wort am Anfang stehen muss.
- Zusätzlich werden Wörter angeboten, die sich mit keinem Wort zusammensetzen lassen (z. B. Schein, Kind, Sonne).
- Der zweite Teil des zusammengesetzten Wortes kann zugleich Beginn des neuen Wortes sein, z. B. Herbstnebel, Nebellicht.

Richtige und falsche Sätze

(Sinn erfassendes Lesen 1./2. Schuljahr)
Die Kinder entscheiden bei jedem Satz, ob er richtig oder falsch ist und kreisen die entsprechenden Buchstaben bei den Antworten ein.

	richtig	falsch
Im Herbst werden alle Blätter bunt.	D	W
Im Herbst können wir endlich ins Freibad.	e	r
Im Herbst beginnen die großen Ferien.	t	a
Im Herbst beginnt der Advent.	c	t
Im Herbst kann es manchmal schon schneien.	h	e
Im Herbst vergräbt das Eichhörnchen Nüsse.	e	r

(Lösungswort: Drache)

Bilder ergänzen (siehe Kopiervorlage S. 21)

Herbstmotive von Kalenderbildern oder Postkarten werden auf ein großes Blatt kopiert und mit Malaufträgen versehen.
Freies Schreiben: Die Kinder formulieren selbst solche Aufträge für die Mitschüler.

Herbstbotenspiel

Variante ohne Wettspielcharakter
Die Lehrerin klebt kleine Herbstbilder (aus alten Sachbüchern, Kinderzeitschriften, Lese-Arbeitsblättern), auch Bilder, die deutlich nicht zum Herbst passen auf Tonpapier, und schneidet das Tonpapier in Blattform aus. Besonders schön wird das Spiel, wenn Tonpapier in Herbstfarben (gelb, rot, grün, braun) verwendet wird. Wem das zu aufwändig ist, nimmt einfach die Kopiervorlage auf S. 22. Die Blätter werden vergrößert, evtl. laminiert und dann ausgeschnitten.
Vor dem Spiel legen die Kinder alle kleinen Blätter umgedreht auf ein großes Herbstbild (Poster, Kalenderbild).
Gewürfelt wird mit einem „Rot-Grün-Würfel“. Bei „Grün“ drehen die Kinder ein beliebiges Blatt um. Passt das Bild zum Herbst, lassen sie es aufgedeckt liegen, wenn nicht, wird es zur Seite gelegt. Wird „Rot“ gewürfelt, darf kein Bild umgedreht werden. Das Spiel ist zu Ende, wenn alle Herbstbilder aufgedeckt wurden.

Variante mit Wettspielcharakter
- Jeder Spieler sammelt seine aufgedeckten Herbstbilder. Wer die meisten Herbstboten sammeln konnte, gewinnt.
- Schwierige Variante: Zu jedem Herbstbild ist ein Satz zu formulieren.

- Male viele Blätter an den Baum und male sie rot, orange oder braun an.
- Male zwei Kinder dazu, die Pilze suchen.
- Male ein Kind, das einen Drachen steigen lässt.
- Male Herbstnebel auf das Bild.
- Lass bunte Blätter vom Baum fallen.
- Male ein Eichhörnchen, das Nüsse vergräbt.
- Male einen Igel, der in einen Laubhaufen kriecht.

Ja, ja, ja, der Herbst ist da

Material:
Herbstbilder von der Kopiervorlage, S. 22, Farbkärtchen in sechs verschiedenen Farben in der Größe der Herbstbilder (z.B. rot – blau – grün – gelb – orange – braun), ein Farbwürfel mit den gleichen Farben.
Die Herbstbilder werden mit der Bildseite nach oben aufgelegt. Die Kinder legen abwechselnd ein Farbkärtchen auf ein beliebiges Bild und sprechen z.B. dazu: „Ich lege das grüne Kärtchen auf die Wolke." Sind alle Farbkärtchen aufgelegt, wird mit dem Farbwürfel weiter gewürfelt. Wenn ein Spieler eine Farbe würfelt, soll er nun angeben, welches Bild unter diesem Farbkärtchen liegt. Er spricht z.B.: „Unter dem ... Farbkärtchen ist ..." Zur Kontrolle deckt er das Kärtchen auf. Hat er sich richtig erinnert, darf er das Kärtchen nehmen, stimmt es nicht, legt er das Farbkärtchen wieder auf das Bild. Das Spiel geht so lange, bis alle Kärtchen entfernt sind.

Malen und Basteln

Welche Farbe hat der Herbst?

Auf einem Herbstwandertag oder Unterrichtsgang sammeln die Kinder Dinge in vielen Farben und kleben sie auf (siehe Herbstfest: Ein Wandertag mit allen Sinnen, S. 32). Diese vielen Farben sollen sie anschließend in einem Herbstteppich festhalten. Für ein erstes Schuljahr werden Felder vorgezeichnet und kopiert. Ab dem zweiten Schuljahr zeichnen die Kinder die nicht zu kleinen Felder selbst mit schwarzem Filzstift vor. Dann werden die Felder mit Wasserfarben ausgemalt, wobei jedes Feld eine andere Farbe haben soll (Die Kinder müssen also die Farben vielfältig mischen!). Diesen Herbstteppich können die Kinder in der Gruppe auch als Collage gestalten. Dazu sammeln sie aus Zeitschriften bunte Anzeigen in Herbstfarben rot, orange, gelb, braun oder grün. Sie reißen daraus kleine Schnipsel und kleben damit den Farbenteppich.

Herbstlicher Fensterschmuck

Die vielen Sammelgegenstände der Kinder werden an einen Faden geknüpft und als herbstlicher Schmuck ins Fenster gehängt.
Die Kinder malen großflächig Herbsterscheinungen (z.B. Drachen, Wind, bunte Blätter), schneiden sie aus und kleben sie an ein Herbstfenster im Klassenzimmer oder Schulhaus. Ein Kind aus dem zweiten Schuljahr gestaltete den Wind z.B. mit einer Wolke aus Papier, an deren Rand es lange, dünne Papierstreifen befestigte.

Miniaturlandschaft

Aus den gesammelten Gegenständen bauen die Gruppen eine Miniaturlandschaft in einem Karton.

Der Bote des Herbstes *(Kunstbetrachtung)*

(Paul Klee: Der Bote des Herbstes, Aquarell 1922; 26,4 x 33,2 cm, Yale University Art Gallery, New Haven USA; © VG-Bild-Kunst, Bonn 1991)

Anmerkungen zum Bild
Das Bild besteht aus verschiedenartigen Vierecken in grünlich-violetten Farbabstufungen und dem in Form und Farbe ins Auge springenden Titelmotiv *„Herbstbaum"*. Das Aquarell macht deutlich, was eine unmittelbar und primär an der Realität orientierte „Abbildung der Wirklichkeit" in keiner Weise auszudrücken vermag.
In der Tat gibt dieses Bild nichts Sichtbares wieder. Hierzu schreibt der Künstler Klee: „Alles Vergängliche ist nur ein Gleichnis. Was wir sehen, ist ein Vorschlag, eine Möglichkeit, ein Behelf. Die wirkliche Wahrheit liegt zunächst unsichtbar zugrunde ... Abmalen lässt sich das schwer, weil der Moment so flüchtig ist. Es muss in die Seele dringen. Das Formale muss mit der Weltanschauung verschmelzen" *(Paul Klee: Tagebücher 1898 – 1918)*.
Die Atmosphäre, die das Bild verbreitet, ist die der verweilenden, zuversichtlichen Stille. Der Blick des Betrachters wird gleichsam hineingezogen in eine (je nach Situation interpretierbare) Weite, in der Zeit und Raum neben den realen Dingen zurückbleiben. Die geordneten Linien und die sensiblen Farbabstufungen in den senkrechten Kolonnen und horizontalen Übergängen unterstreichen dies, so wie das alles dominierende Gelb-Orange des Raumes

inmitten des hellen Feldes über sich hinausweist und Räume für Assoziationen öffnet.

„Wenn Kinder dieses Bild betrachten, werden sie seine beruhigende Wirkung sehr wohltuend erfahren. Es ist tatsächlich ein Bild, das sammelt und besänftigt. Man muss sich natürlich darauf einlassen, also seinerseits still werden, damit das Schweigen, das im Rhythmus dieser Farben und Felder schwebt, aufgenommen und eingeatmet wird."

(Aus: Hubertus Halbfas: Religionsunterricht in der Grundschule. Zürich/Düsseldorf 1984)

Ziele und Möglichkeiten der methodischen Gestaltung

1. Das abstrakte Bild *„Der Bote des Herbstes"* als eine – nicht das Sichtbare wiedergebende – Form der Abbildung von Wirklichkeit (exemplarisch) entfalten;
   - die sammelnde und beruhigende Wirkung des Aquarells aufnehmen und erfahren („das Schweigen, das im Rhythmus der Farben und Felder schwebt, einatmen");
   - die Betrachtung des Bildes gestalterisch weiterführen, indem z.B. die feinsinnigen grünlich-violetten Farbabstufungen in den Kolonnen und Übergängen durch entsprechende Übungen nachempfunden werden.
2. Das Bild betrachten und sich zu seinen inhaltlichen Aspekten äußern;
   - die verschiedenen Formelemente, farblichen Stufungen und Übergänge beschreiben (Farben, Farbabstufungen, Form- und Farbdominanz des Baumes, Rahmung, Gesamtkomposition, rechteckige und dreieckige Flächen, helles Kreissegment, kreisförmiger Baum, abfallende und sich überlagernde Farbflächen am rechten Bildrand);
   - eigene Gedanken und Gefühle (nach intensiver Betrachtung besonders des Titelmotivs) formulieren und erläutern (Atmosphäre des Bildes: ruhige, besinnliche, abendliche Stimmung);
   - (in Ansätzen) die im „Blick durch das Fenster" erfahrbare Transzendenz interpretieren (Assoziation: Herbstbaum – Abendsonne...).

Bildmeditation und Stille-Übungen

Das Aquarell von *Klee* kann auch Gegenstand einer Stille-Übung sein, in der es darum geht, dass sich die Kinder sammeln, in sich selbst zurückziehen und (im eigentlichen Wortsinn) zur Besinnung kommen.

Stille verstehen wir hier als eine Grundkategorie des Lebens, welche uns andersartige Lebensperspektiven eröffnet und es uns ermöglicht, zur Mitte zu finden. Stille kann verschüttet werden, ist aber auch (wieder) erlernbar.

1. *Lehrer* (sich auf die bereits entfaltete Aussage beziehend, dass es sich um ein „Abend-Bild“ handelt):
   Der Tag geht zu Ende. Wir nehmen uns ein paar Minuten Zeit, um noch einmal in Gedanken durch die zurückliegenden Stunden zu gehen. Manches war gut; anderes nicht.
   (Zeit der Stille: ca. 4 Minuten)
   Lehrer: Wenn wir immer wieder hinsehen und geduldig lauschen, hören wir *die Musik des Bildes.* Vielleicht ist sie sehr leise und kommt von weit her, vielleicht ist sie nicht gleich zu verstehen…
   Die Entscheidung, ob die während der Zeit der Stille angeklungenen Gedanken und Gefühle der Kinder anschließend zur Sprache gebracht werden, sollte von den situativen Bedingungen abhängen.
2. *Lehrer:* Der Maler hat seinem mit Wasserfarben gemalten Bild einen Namen (einen Titel) gegeben…
   Die Kinder sind nun aufgefordert, sich in verweilender Stille den Baum und das ihn ungebende helle Feld zu betrachten.
   Lehrer: Was sagt dieser Baum…? Hört ihr vielleicht eine Melodie? Welche Gedanken und Gefühle klingen in euch an, wenn ihr still werdet und euch ganz auf die Formen und Farben des Bildes einlasst? … Was/wohin sieht man durch das *„geöffnete Fenster“?*

Lied vom bunten Herbst

Text: Barbara Cratzius
Melodie: Paul G. Walter
Strube Verlag GmbH, München – Berlin

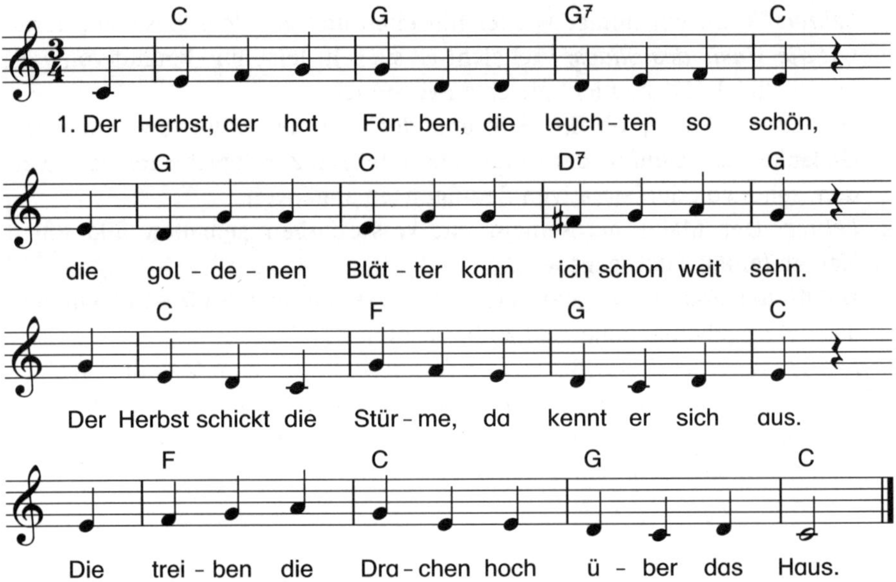

2. Der Herbst sagt den Hamstern
und Mäusen Bescheid.
Habt ihr genug Körner?
Es friert bald und schneit.

3. Der Herbst schickt die Vögel
weit über das Meer.
Ach, kommt doch im Frühling
zu uns wieder her!

4. Der Herbst, der hat Früchte
für alle bereit.
Bringt her eure Körbe
zum Erntefest heut!

5. Den Herbst mag ich leiden
mit Farben und Wind.
Bleib bei uns ganz lange,
dich mag jedes Kind!

(Aus: Barbara Cratzius, Ein ganzes Jahr und noch viel mehr. Herder Verlag. Freiburg 1998)

Herbstmelodie (für zwei Flöten)

Es empfiehlt sich, die Melodie mit Klavier oder Pauke rhythmisch zu begleiten.

Ein Herbstrondo aus rhythmischen Bausteinen

Die Kinder sammeln (in der Gruppe) möglichst viele Wörter, die zu den Bausteinen passen.

Herbst	Re - gen	Re - gen - schirm	Blät - ter fal - len
Wind	Ne - bel	Blät - ter - wald	Ne - bel - schlei - er
Kalt	Käl - te	Ne - bel - feld	Dra - chen stei - gen
Brrr	Herbst - zeit	Ern - te - zeit	Äp - fel es - sen
Hui	Herbst - wald	Dun - kel - heit	Re - gen - wol - ken
Platsch	Herbst - wind	Son - nen - schein	Gum - mi - stie - fel
Grau			Re - gen - wet - ter
			Wol - ken - fel - der
			Re - gen - trop - fen
			Ne - bel - fet - zen

Herbst - stür - me
Herbst - wet - ter
Obst es - sen

Aus diesen Bausteinen lässt sich ein rhythmisches Sprechstück entwickeln oder auch ein Rondo. Nach drei oder vier Bausteinen, die von jeweils einem Kind gesprochen werden, sprechen alle den gleichen Baustein, z. B. „Herbst“ oder den Satz: „Jetzt ist wieder Herbst.“

Beispiel:

Jetzt ist wieder Herbst.

Regen – Regenschirm – Regenwetter

Jetzt ist wieder Herbst.

Grau – Nebel – Nebelfeld – Nebelfetzen

Jetzt ist wieder Herbst.

Hui – Herbstwind – Blätterwald – Drachen steigen

Jetzt ist wieder Herbst.

Ja – Herbstzeit – Erntezeit – Äpfel essen

Jetzt ist wieder Herbst.

Wir vertonen ein Elfchen

Ein Herbst-Elfchen wird mit Rhythmusinstrumenten lautmalerisch vertont, z. B.:

- Drachen steigen → Metallophon: Tonleiter aufwärts
- Wind → Gurke, mit Fingerkuppen auf der Trommel reiben
- Regen → Rassel, Holzblocktrommel, Triangel
- Obst ernten → Xylophon mit weichem Schlägel
- Blätter rascheln → Gurke, Becken mit Besen
- Blätter fallen → Glockenspiel, einzelne Töne spielen
- Der Wind lässt die Blätter tanzen → Trommel mit Glockenspiel

Beispiele für Elfchen:

Wind
Die Blätter
Sie tanzen lustig
Ich fliege mit ihnen
Hui!

Herbst
Der Regen
Er prasselt laut
Ich steige in Pfützen
Platsch!

Herbst
Die Äpfel
Sie fallen herunter
Ich beiße kräftig hinein
Schmeckt!

Herbst
Der Wind
lässt Drachen steigen
Ich halte ihn fest
Hui!

Im 3. und 4. Schuljahr verfassen die Kinder eine Herbstgeschichte, die sie mit Rhythmusinstrumenten untermalen. Die Musik darf dabei den Text nicht „zudecken“. Vielmehr ist die Begleitung sparsam einzusetzen. Ein besonderer Anreiz ist das Aufnehmen auf Kassette.

Malen zur Musik „Die vier Jahreszeiten“ von Antonio Vivaldi

- Heraushören von Herbsterscheinungen
- Malen eines Herbstbildes zur Musik
- Bild mit Mustern in Herbstfarben, z. B.: Stell dir vor, du lässt deinen Drachen steigen. Welche Linien zeichnet er in die Luft?
- Ausmalen von Herbstmandalas

(G. Fladda, Mandalas malen mit Kindern 2, Wald und Wiese. Falken Verlag. Niedernhausen 1998
W. Hund, Mandalas für Frühling, Sommer, Herbst und Winter. Verlag a. d. Ruhr. Mühlheim/Ruhr 1996)

Herbstfest: Ein Wandertag mit allen Sinnen

Entweder helfen einige Eltern an den Stationen mit oder die einzelnen Stationen werden zu einem Sinnesparcours zusammengestellt.

Mögliche Stationen:

- Tobespiel: Blätterschlacht
  Die Kinder sammeln viele Herbstblätter, schichten sie auf einen großen Haufen und bewerfen sich dann gegenseitig.
- Herbstfarben sammeln
  Die Kinder sammeln Gegenstände aus der Natur in vielen verschiedenen Farben und kleben diese auf ein Plakat (doppelseitiges Klebeband) mit der Überschrift: „Der Herbst hat viele Farben". Das Plakat ist ein hübscher Zimmerschmuck. Die Lehrerin kann an dieser Stelle auch Informationen darüber geben, warum im Herbst die Blätter bunt werden (siehe Kap. 3, S. 90).
- Barfuß-Weg
  Die Kinder gehen barfuß über verschiedene Materialien, z. B. Äste, Zweige von Nadelbäumen, Blätter, Kieselsteine, Gras, Papier, Korken, Holz, Stoff und erfühlen das Material.

- **Erinnerungsmobile**
  Die Kinder erhalten eine auf Tonpapier gesteckte Nadel und um Tonpapier gewickeltes Häkelgarn. Sie sollen fünf besonders schöne Herbstmaterialien mit der Nadel auffädeln. Diese Schätze werden entweder an einen großen Ast oder ans Fenster gehängt.

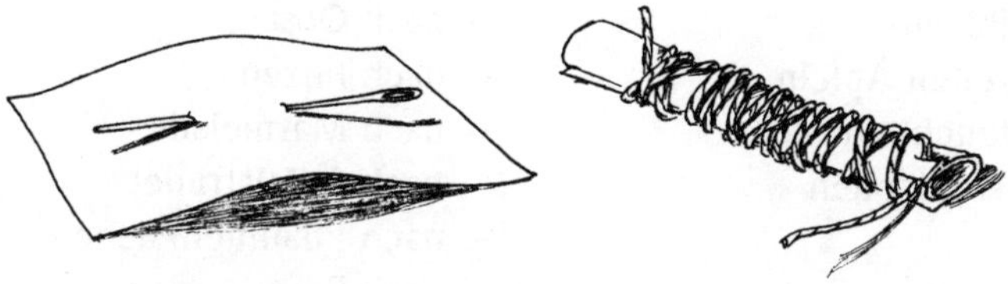

- **Herbstgeräusche als Stilleübung**
  Bei einer gemeinsamen Rast schließen die Kinder die Augen, konzentrieren sich auf die Geräusche und zählen oder schreiben sie anschließend auf.

- **Den Herbst fühlen**
  Fühlmemory: Die Lehrerin hat mit doppelseitigem Klebeband auf Karten verschiedene Herbstfrüchte geklebt, z. B. Ahornsamen, Eichelhütchen, Rindenstücke, Tannennadeln, Zapfenschuppen. Je zwei Karten sind mit den gleichen Sachen beklebt. Die Kinder sollen die Paare durch Tasten herausfinden.
  An einem windigen Tag fühlen die Kinder, wie der Wind über Gesicht und Arme streicht und wie es ist, wenn sie gegen den Wind und mit dem Wind laufen.

- **Den Herbst riechen**
  Je zwei Filmdöschen werden mit dem gleichen Material gefüllt, z. B. mit Erde, Blättern, Waldboden, Beeren, Pilzen. Ein Geruch ist nur einmal vorhanden (z. B. Parfum). Die Kinder sollen diesen „Schwarzen Peter“ herausfinden.

- **Den Herbst schmecken**
  Die Kinder probieren mit verbundenen Augen z. B. Schlehen, Äpfel, Birnen, Holundersaft, Trauben, Pflaumenmarmelade, Hagebuttenmarmelade, Hagebuttentee, Apfelsaft, Pflaumen, Holundermarmelade, Karotten, …
  Dabei werden die Kinder auch über Gefahren aufgeklärt, z. B.:
  - Fuchsbandwurm (Vorsicht bei rohen Waldfrüchten!)
  - Zecken (vor allem in Flussnähe)
  - Genuss unbekannter Früchte und Beeren (siehe Kapitel 3.5)
  - Unbekannte Pilze (siehe Kapitel 3.4)

- **Wir schreiben ein Gedicht: Weißt du, wie der Herbst riecht?**
  (Idee nach dem Gedicht „Sommer“ von Ilse Kleeberger)
  In der Gruppe sammeln die Kinder, wie der Herbst

riecht
- nach Pilzen
- nach reifen Äpfeln
- nach feuchtem Moos
- nach Waldboden

schmeckt
- nach Obst
- nach Pilzen
- nach Marmelade
- nach Apfelstrudel
- nach Pflaumenkuchen
- nach Brombeeren

klingt
- wie Windgebrause
- wie Blätterrascheln
- wie fallendes Obst
- wie ein surrender Lenkdrachen
- wie zwitschernde Vögel, die sich zum Zug sammeln
- wie krächzende Krähen

aussieht
- wie ein bunter Farbkasten
- wie eine gelbe Sonnenblume
- wie goldene Felder
- wie rote Apfelbäckchen
- wie Schleier
- wie Spinnweben
- wie volle Obstbäume
- wie ein Vogelschwarm

sich anfühlt
- wie trockene Blätter
- wie feste glatte Äpfel
- wie ein großer Blumenstrauß
- wie feuchtes Gras
- wie eine Handvoll Pflaumen
- wie Getreidestoppeln

Aus diesen gesammelten Sinneseindrücken erstellen die Kinder ein Gedicht, indem sie jede Strophe mit einer Frage eröffnen:
Weißt du, wie der Herbst ... (riecht, schmeckt, klingt, aussieht, sich anfühlt)?
Anschließend werden zwei bis drei Eindrücke geschildert, die sich aber der Einfachheit halber nicht reimen müssen.

- **Kartoffelfeuer**
  Kartoffeln oder Äpfel werden in Folie gebraten.

- **Stockbrot**
  Die Lehrerin ober ein freiwilliger Helfer (Eltern fragen) stellt zu Hause einen Hefeteig her.

Stockbrot

1 kg Mehl *1/2 l Wasser* *1 Würfel Hefe* *2 Eier* *1 gestr. Esslöffel Salz*	Aus diesen Zutaten bereitet man einen Hefeteig und würzt ihn mit geriebenem Parmesan und Oregano.

Jedes Kind bekommt einen Teigklumpen in der Größe eines kleinen Apfels, knetet ihn und drückt ihn mit der Hand flach. Diesen dünnen Teigfladen wickelt es fest um einen Zweig. Dabei dürfen nicht zu viele Schichten übereinander gewickelt werden, damit das Garen nicht zu lange dauert. Das Brot wird nicht direkt ins Feuer gehalten. Das Brot ist fertig, wenn es rundherum braun und knusprig ist.

(Rezept aus: Ingeborg Schenker, Montessori-Projekte. Prögel Praxis 208. Oldenbourg Schulbuchverlag. München 1997)

- **Ich sehe was, was du nicht siehst**
  Ich sehe was, was du nicht siehst und das hat die Farbe … . Ein Kind stellt dieses Rätsel. Die Mitspieler versuchen den Gegenstand, den Baum, die Pflanze usw. zu erraten. Wer die Lösung gefunden hat, darf das nächste Rätsel stellen.

- **Ein Hut, ein Stock, ein Regenschirm**
  Zu zweit, zu dritt oder zu viert … eingehakt, marschieren wir im Gleichschritt nebeneinander. Pro Silbe des Sprechtextes machen wir einen Schritt vorwärts (beginnend mit dem rechten Fuß). Der Text lautet:

> Ein Hut, ein Stock, ein Regenschirm
> und vor und rück und seit und ran.
> Und eins und zwei und drei und vier
> und fünf und sechs und sieben und acht.
> Ein Hut, ein Stock, …

Ab „vor“ geht es weiter wie imText beschrieben.
vor: linker Fuß tippt nach vorn

und rück: linker Fuß tippt zurück
und seit: linker Fuß tippt zur linken Seite
und ran: linken Fuß an den rechten anstellen.
Bei „und“ mit dem linken Fuß beginnen, marschieren.
Nach „acht“ wird wieder von vorn begonnen, aber
diesmal mit dem rechten Fuß. Jetzt geht es umgekehrt
(vor: rechter Fuß tippt nach vorn usw.)
Dieses Bewegungsspiel eignet sich gut als Ablenkung für „Fußlahme“ gegen Ende der Wanderung.

(Aus: Ilse Stork, Lieder mit Hand und Fuß. Prögel Kopiervorlagen 53. Oldenbourg Schulbuchverlag. München 1998)

- **Webbild** (Gruppenarbeit)

In den Webrahmen werden Erinnerungsstücke an den Wandertag (Gräser, Blätter, Früchte usw.) eingewebt. Dieses Webbild bildet einen schönen Schmuck fürs Klassenzimmer.

Das braucht ihr dazu:
- vier gleich lange und gleich dicke Äste
- feste Schnur
- Gräser, Blätter, Früchte, Rindenstücke, Federn, dünne Zweige…

So wird es gemacht:
- Legt die vier Äste zu einem Viereck. Bindet die Ecken dieses Rahmens fest mit der Schnur zusammen.
- Knüpft in regelmäßigen Abständen Schnüre in den Rahmen (siehe Skizze 1).
- Webt mit dem gesammelten Material ein Bild. Dazu müsst ihr das Material abwechselnd über und unter die gespannten Schnüre legen. In der nächsten Reihe geht ihr entgegengesetzt vor (siehe Skizze 2).

Skizze 1

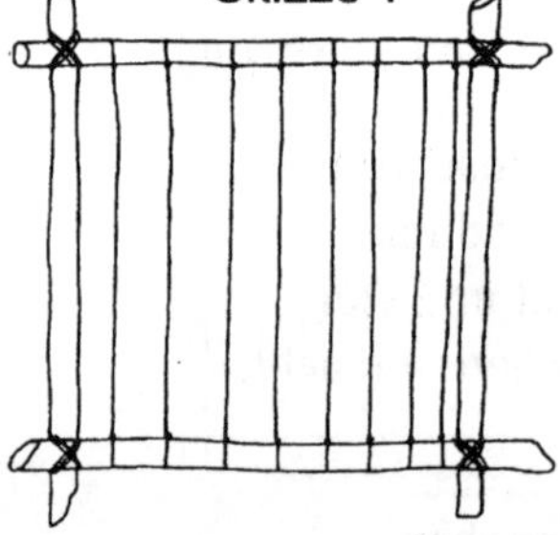

Skizze 2

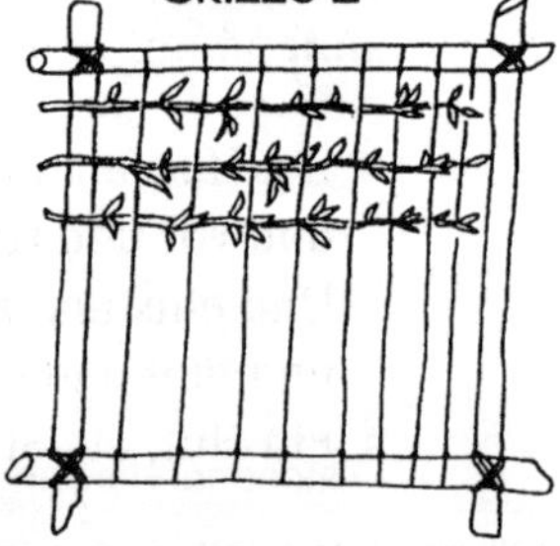

(Aus: Anna Merzinger, Sommer in der Grundschule. Prögel Praxis 228. Oldenbourg Schulbuchverlag. München 2003)

2. So ein Wetter

2.1 HERBSTWETTER

Wetter und Wetterbericht

So steht es im Lexikon: Wetter

Durch das Zusammenspiel von *Temperatur, Luftdruck, Wind, Wolken und Feuchtigkeit in der Luft* entsteht das Wetter. Die Wettervorgänge spielen sich dabei in den unteren Schichten der Atmosphäre ab. Alle Veränderungen in diesem Bereich der Lufthülle werden ständig beobachtet und gemessen: Man misst den Luftdruck mit dem *Barometer,* die Temperatur mit dem *Thermometer,* die Luftfeuchtigkeit mit dem *Hygrometer,* Niederschläge mit dem *Regenmesser,* Windstärke und Windrichtung mit dem *Windmesser.* Das geschieht in zahlreichen Wetterstationen auf der ganzen Erde. Auf dem Meer nehmen Wetterschiffe Beobachtungen vor. In großen Höhen sammeln Wetterballons und Wettersatelliten Messergebnisse. Alle Messungen werden an die Wetterämter weitergegeben und dort in Wetterkarten eingetragen. Aus den Messungen können die Meteorologen die Wetterlage erkennen und daraus eine ungefähre Wettervorhersage zusammenstellen. Rundfunk, Fernsehen und Zeitungen verbreiten die Wettervorhersage.

(Aus: Hans Peter Thiel, Grundschülerlexikon. © 2001 by Arena Verlag GmbH, Würzburg)

So steht es in der Zeitung:

Vorhersage für die nächsten Tage

Auch am Freitag hält das wechselhafte Schauerwetter weiter an. Die Temperaturen erreichen Werte um 16 Grad und gehen nachts auf 10 Grad zurück. Am Wochenende fällt teils schauerartiger, teils länger andauernder Regen bei Temperaturen um 15 Grad. Der mäßige bis frische Wind kommt aus Süd bis Südwest. Am Montag bleibt es weiterhin bewölkt und kühl. Die Niederschläge klingen aber ab.

Anregungen für den Unterricht

Je nach Zielsetzung können wir mit den Kindern

- die Informationen des vorstehenden *Sachtextes* (in einer mehrstündigen Unterrichtsreihe) systematisch erarbeiten;
- die wichtigsten Aussagen der Textvorlage farbig markieren und als „Gliederung“ für einen „mündlichen Vortrag“ benutzen;
- weitere Informationen zu den Begriffen Luftdruck, Atmosphäre, Barometer, Thermometer etc. im Lexikon suchen und ggf. durch entsprechende Versuche verdeutlichen;
- den vorgenannten oder einen selbst formulierten Text durch Bilder, Zeichnungen und/oder Versuchsbeschreibungen illustrieren;
- über einen bestimmten Zeitraum hinweg *das Wetter beobachten* und die (Mess-)Ergebnisse in Tabellen festhalten, z. B.:

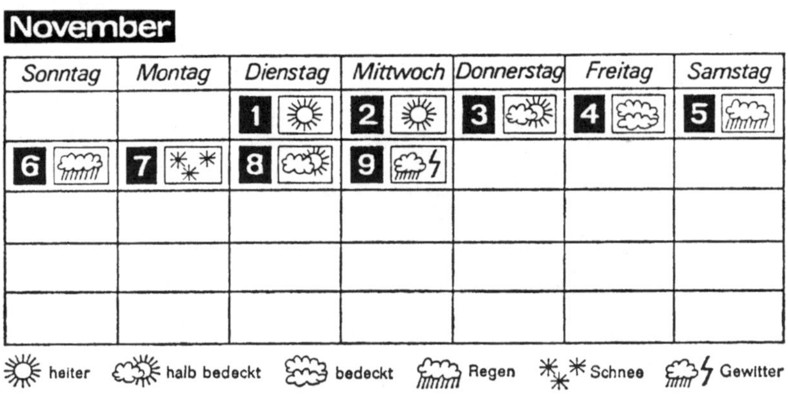

oder siehe nächste Seite:

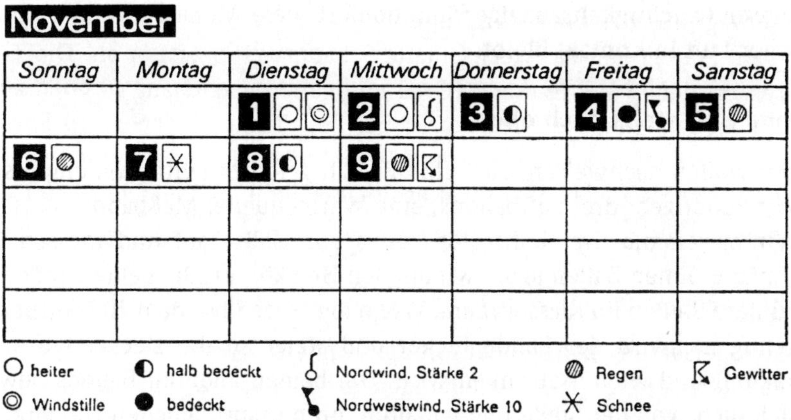

(Aus: Pearl Astrid Nelson, Naturwissenschaftlicher Unterricht in der Grundschule. Stuttgart 1970)

- aus den Beobachtungen (rückwirkend und vorhersagend) einen Wetterbericht formulieren;
- Wettervorhersagen mit den tatsächlichen Wetterverhältnissen bzw. verschiedene Vorhersagen (Rundfunk, Fernsehen, Zeitung) untereinander vergleichen;
- einen (fiktiven) Wetterbericht für *„typisches Herbstwetter“* schreiben;
- „typische Wetterverhältnisse“ in den einzelnen Jahreszeiten beschreiben;
- „typische Wetterkarten“ den vier Jahreszeiten zuordnen.

Täglicher Wetterbericht

An jedem Morgen stellt eine Gruppe den aktuellen Tages-Wetterbericht mit Morgentemperatur vor.
Als Formulierungshilfe kann die Lehrerin Bilder und Wörter vorgeben, z. B. sonnig – wolkig – bedeckt – wolkenlos – regnerisch – neblig – trocken – windig – windstill – stürmisch – trüb – klar

Wetter-Experimente

- Wir wollen feststellen, wie viel Feuchtigkeit in der Luft enthalten ist.
- Wir benötigen: Filterpapier, ein Becherglas, drei Teelöffel Kobaldchlorid, Wasser, Zeitungspapier.
- Wir lösen die drei Teelöffel Kobaldchlorid in einem halben Glas Wasser auf, tauchen das Filterpapier in die Flüssigkeit und lassen es auf Zeitungspapier trocknen. Das Filterpapier wird sich rosarot färben, wenn es feucht ist. Bei geringer Luftfeuchtigkeit zeigt sich eine Blaufärbung.

- Dieser Feuchtigkeitsanzeiger funktioniert viele Monate, wenn er mit frischer Luft in Kontakt bleibt.

Warme Luft steigt nach oben

- Wir wollen nachweisen, dass ein mit Luft gefüllter Luftballon emporsteigt.
- Wir benötigen: drei Luftballons, eine Wärmequelle, Maßband.
- Wir blasen die drei Luftballons etwa zur Hälfte auf und messen ihren Umfang. Einen Ballon legen wir auf den Heizkörper, die beiden anderen an kühlere Stellen im Klassenraum. Wenn die Hitze über dem Heizkörper groß genug ist, wird der Ballon dicker und steigt an die Decke, wo er sich abkühlt und wieder absinken wird. Die beiden anderen Ballons bewegen sich nicht von der Stelle und behalten ihren ursprünglichen Umfang.
- Erklärung: Die Luftmoleküle im erwärmten Ballon bewegen sich schneller, streben auseinander und vergrößern dadurch den Ballon. Der Ballon steigt empor, wenn er leichter als die ihn umgebende Luft wird.

Was bedeutet T in der Wetterkarte?

- Wir wollen nachweisen, dass um strömende Luft immer Tiefdruck herrscht.
- Wir benötigen: zwei Tennisbälle, einen Faden, Klebeband
- Wir kleben einen Faden an jeden Ball und hängen die beiden Bälle (etwa 5 cm voneinander entfernt) nebeneinander auf. Wenn wir zwischen den beiden Bällen hindurchblasen, können wir die Wirkung der bewegten Luft beobachten. Die beiden Bälle nähern sich einander (und werden nicht etwa auseinandergetrieben).
- Erklärung: Die ausgeblasene Atemluft stellt einen bewegten Luftstrom dar, der zwischen den Bällen ein kleines Tiefdruckgebiet schafft. Je schneller die Luft strömt, um so stärker wird sie von den Seiten in die Strömung hineingezogen.

Diese Versuche werden den Kindern nicht einfach angeboten oder vorgeführt, es geht vielmehr darum, dass die (wie auch immer) „vorgegebene Frage“ offen genug ist und damit genügend Raum lässt für die entsprechenden Antworten der Kinder. So wird es möglich sein, mechanisches Abfragewissen zu ersetzen – wenn Schlussfolgerungen gezogen oder Voraussagen getroffen werden.

Wenn wir die Kinder dazu anleiten, „das Problem“ aus unterschiedlichen Perspektiven fragend in den Blick zu nehmen, ist dies ein Weg „entdeckenden Lernens“:

1. Einführung in das Thema
   - Über ein Naturphänomen berichten oder es vorführen (Beispiel: Über der Heizung bewegen sich die Blätter der Blumen)
   - An Beobachtungen und Erzählungen der Kinder anknüpfen
   - Aus Zeitungen und Büchern entsprechende Stellen zum Thema auswählen und vortragen

   Am Ende dieser Phase sollte den Kindern bewusst sein, um welches Problem es geht.

2. Vermutungen
   - Kinder beobachten, berichten, vermuten, fragen, beschreiben, ...
   - Gedanken werden von den Kindern (z. B. an der Tafel) grafisch dargestellt, erläutert, ... „offene Fragen“ werden formuliert, ...
   - „Rückfragen“ sind ausdrücklich erwünscht.

3. Unterrichtsstrategien
   - Nicht alle Meinungen, Annahmen und Hypothesen können durch Versuche überprüft werden.
   - Gespräch (z. B. im Team): Wie können wir einige (Erfolg versprechende) Vermutungen überprüfen? Welche Versuche, Materialien, Strategien kommen dafür in Frage?

4. Auswertung(en)
   - Die „Ergebnisse“ selbst formulieren, vergleichen und ggf. grafisch darstellen.
   - Die Kinder orientieren sich, wie derselbe Sachverhalt in Handbüchern, Lexika und dgl. dargestellt und gelöst wird (Vergleich).
   - Die „Problemlösung“ in anderen Zusammenhängen auffinden, betrachten, vergleichen (z. B.: Warum fliegt ein Heißluftballon?).
   - Zur Auswertung (und Kontrolle) bieten sich auch Auswahl-Antwort-Tests (multiple choice) an, bei denen die Kinder aus drei oder vier scheinbar möglichen Lösungen eine einzig richtige herausfinden sollen.

Schreibwerkstatt

Schreiben zu Kalenderbildern

1./2. Schuljahr:
Die Lehrerin schreibt zu einem Herbstkalenderbild passende und unpassende Sätze auf Papierstreifen. Die Kinder ordnen die richtigen Sätze dem Bild zu. (Kontrolle: Bei den passenden Streifen ist auf der Rückseite ein lachendes Gesicht.)

3./4. Schuljahr:
Die Kinder betrachten ein Herbstbild, schreiben ihre Eindrücke auf einen Zettel in Blattform und kleben diesen zu dem Bild.

Herbstwetter-Elfchen

Die Kinder erstellen Elfchen zu den verschiedenen Erscheinungen des Herbstwetters, z. B.:

Regen
Er plätschert.
Die Tropfen hüpfen.
Ich steige in Pfützen.
Platsch!

Wind
Er pfeift.
Die Blätter tanzen.
Ich laufe ihnen hinterher.
Lustig!

Nebel
Weißer Schleier.
Er verhüllt alles.
Ich suche die Schule.
Verschwunden!

Beispiel für ein Elfchen:

Herbst
Der Wind,
er bläst fest.
Ich lasse Drachen steigen.
Fröhlich!

Tanja 7 Jahre

Achtung! Gefahr!

Die Kinder sammeln in der Gruppe Gefahren im Herbst und formulieren Hinweise für Plakate, z. B.:
- Achtung! Rutschgefahr durch nasse Blätter!
- Helle Farben schützen!
- Bleib mit deinem Drachen weg von Stromleitungen!

Die Sätze schreiben die Kinder auf ein Plakat und malen ein passendes Bild dazu. Die Plakate werden anschließend im Schulhaus als Hinweis für alle aufgehängt.

Wortpaare

Die Lehrerin schreibt Wörter, die zusammenpassen getrennt auf einzelne Kärtchen, z. B.:

hell – dunkel	wolkig – sonnig	stürmisch – windstill
kalt – warm	nass – trocken	neblig – klar
Nebel – Sonne	Regen – Wolke	Gummistiefel – Regenschirm

Spielmöglichkeiten:
- Kärtchen, die zusammenpassen, werden zusammengelegt.
- Memory
- Kartenspiel: „Goldener Herbst" (Gespielt wird wie bei „Schwarzer Peter") Die Kinder legen passende Paare ab (gleiche Symbole auf den Karten dienen beim Ordnen als Hilfe). Am Ende ist der der Sieger, der zuletzt die Karte mit dem „goldenen Herbst" in Händen hält (z. B. eine Sonne über einem abgeernteten Getreidefeld, eine Sonnenblume, o. Ä.)

Herbstwetter – Geräuschgeschichte

Zunächst überlegen die Kinder, welche Wettererscheinungen im Herbst sich gut mit der Stimme, Körperinstrumenten oder auch anderen Instrumenten darstellen lassen.

Regen:	mit Fingerkuppen trommeln, Klangstäbe, Rasseln, Xylophon mit Holzschlägeln
Wind:	mit der Stimme Windgeräusche nachmachen, mit der Handfläche auf einer Trommel reiben
Nebel:	Glissando auf dem Bassxylophon mit einem weichen Filzschlägel
Sonne:	auf dem Glockenspiel oder Metallophon einzelne Töne anschlagen
Blätter fallen:	Rasseln, Xylophon mit weichem Schlägel

Anschließend entwerfen die Kinder eine kurze Wettergeschichte.

Mögliche Inhalte:
- Ich stehe früh auf, der Regen trommelt ans Fenster.
- Der Wind biegt die Äste.
- Er wirbelt die Blätter von den Bäumen.
- Ich ziehe die Gummistiefel an und gehe hinaus. Dort stapfe ich durch die Pfützen und werde nass.
- Der Regen wird schwächer.
- Der Wind lässt nach.
- Die Regenwolken ziehen weg. Der Himmel wird blau. Die Sonne scheint.

Ein Kind oder auch die Lehrerin liest die Geschichte, die anderen Kinder machen mit den Instrumenten ein passendes Geräusch dazu. Wird die Geschichte im Klassenverband erarbeitet, ist es günstig, wenn jede Gruppe eine andere „Wettererscheinung" spielt.
Lieder zum Herbstwetter lassen sich gut in diese Geräuschgeschichte einbeziehen. Mit Nebeltanz, Blättertanz und dem Regenschirmtanz (siehe folgende Kapitel) wird daraus eine Herbstkantate, die sich auch gut für eine Aufführung eignet.

2.2 SO EIN WIND!

Was ist Wind?

Wenn sich die Luft bewegt, gibt es Wind. Diese Luftströmungen entstehen, wenn sich die Luftschichten am Boden erwärmen und aufsteigen. Dann fließt kühlere Luft nach. Bei sehr starkem Wind spricht man von einem Sturm. Die Windkraft treibt Rotoren an, die elektrischen Strom erzeugen.

(Aus: Kinderduden. Bibliographisches Institut & F. A. Brockhaus. Mannheim 2001)

Wie der Wind entsteht

Wind ist bewegte Luft. Warme Luft steigt nach oben und schwere, kalte Luft drückt nach unten. Auf diese Weise kommt es zu Luftströmungen und es entstehen Winde. Die Geschwindigkeit des Windes wird mit dem Windmesser festgestellt und in Windstärke angegeben. Die Windstärken reichen von 0 – 12, von Windstille bis zum Orkan. Ein Sturm hat Windstärken von 9 – 12 und erreicht Geschwindigkeiten bis zu 120 Kilometern in der Stunde. Die Windrichtung wird nach Einteilung der Windrose angegeben. Man sagt zum Beispiel, der Wind kommt aus Westen.

(Aus: Hans Peter Thiel, Grundschülerlexikon © 2001 by Arena Verlag GmbH, Würzburg)

Die Beaufort-Skala

Im Jahre 1805 begann der britische Admiral Sir Francis Beaufort die Windstärke zu messen. Er beobachtete die Einwirkung des Windes auf das Meer und unterschied zwölf Bereiche von Windstärke 0 bis Windstärke 12.
Auch heute noch geben wir die Windgeschwindigkeit nach der Einteilung von Beaufort an:

Die Beaufort-Skala:

Stärke bft	Geschwindigkeit Wind	km/h	... und das passiert dabei:
0	Windstille	0 – 2	vollkommene Luftruhe, Rauch steigt senkrecht, spiegelglattes Wasser
1	leiser Zug	3 – 5	Blätter unbewegt, Rauch treibt langsam, einzelne Flächen mit Kräuselwellen
2	leichte Brise	6 – 10	eben fühlbar im Gesicht, Blätter säuseln, kleine Kräuselwellen
3	schwache Brise	11 – 20	Blätter bewegen sich, streckt Wimpel, Wasser kräuselt sich
4	mäßige Brise	21 – 30	kleine Zweige bewegen sich, wirbelt Staub und Papier, Rauch weht waagrecht, kleine Wellen, vereinzelt Schaumköpfe
5	frische Brise	31 – 40	größere Zweige bewegen sich, längere Wellen mit weißen Schaumköpfen
6	starker Wind	41 – 50	Äste bewegen sich, hörbar an Hausecken, Schaumkämme auf Wellen
7	steifer Wind	51 – 60	Gehen gegen Wind macht Mühe, schwächere Baumstämme bewegen sich, Wellen brechen, Schaum treibt in Streifen in Windrichtung
8	stürmischer Wind	61 – 75	erschwert erheblich das Gehen, ganze Bäume bewegen sich, Zweige brechen
9	Sturm	76 – 90	Dachziegel und ähnliche leichtere Gegenstände werden bewegt
10	schwerer Sturm	91 – 105	Bäume werden entwurzelt, leichte Bauten werden umgeworfen, beträchtliche Schäden
11	orkanartiger St.	106 – 120	schwere zerstörende Wirkungen
12	Orkan	über 120	verwüstende Wirkungen

(Aus: Manfred Bottmeyer, Das Wetterbuch für große und kleine Wetterfrösche. Mit freundlicher Genehmigung des Coppenrath Verlags. Münster.)

Anregungen für den Unterricht

Je nach Zielsetzung und abhängig davon, unter welchen Aspekten wir mit den Kindern das physikalische Phänomen Wind betrachten wollen, können wir z. B.

- in Sach- und anderen Büchern Informationen und Bilder zum Thema sammeln;

- einzelne Fachbegriffe (siehe obige Lexikon-Artikel) untersuchen und eine Sach-Kartei anlegen;
- einen Sachtext zum Thema (als Unterrichtsergebnis) erarbeiten;
- durch einfache Versuche nachweisen, dass warme Luft aufsteigt, und im Versuch klären, wie der sogenannte Tiefdruck entsteht (siehe Seite 40);
- einen Sachtext schreiben, in dem die genannten oder andere Versuche zum Thema ausführlich beschrieben werden;
- die Windstärke und -richtung (Wetterhahn, Windfahne, Windsack, ...) über einen bestimmten Zeitraum beobachten und tabellarisch festhalten;
- die Informationen eines Sachtextes literarischen Textvorlagen gegenüberstellen und vergleichen, z. B.

Der Wind (im Lexikon)	*Der Wind* (im Gedicht)
– bewegte Luft	– schüttelt einen Birnbaum
– Warmluft steigt auf	– reißt Hüte vom Kopf
– Luftströmung	– rast querfeldein
– Windstärke	– wirbelt Staub in die Höhe
– Windrichtung	– wirft eine Holzhütte um

Windmessung

Die Richtung, aus der der Wind weht (Windrichtung) und seine Stärke (Windstärke) kann man messen. Die Windrichtung wird nach der Himmelsrichtung benannt, aus der der Wind kommt (z. B.: Nordwind).

- Windfahne
  Das einfachste und älteste Gerät zur Bestimmung der Windrichtung ist die Windfahne.

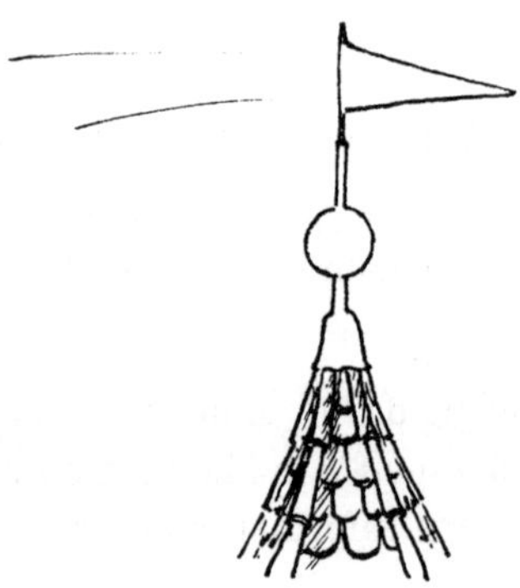

- Schalenkreuz-Windmesser
  Ein mit hohlen Halbkugeln an drei oder vier Armen besetztes Windrad, das sich je nach Windgeschwindigkeit unterschiedlich schnell dreht und dessen Umdrehungen gezählt werden.

- Windsack
  Der auf Flughäfen und an Autobahnen benutzte Windsack ist ein vorne und hinten offener, konischer Sack, der bei schwachem Wind nach unten hängt. Der Windsack zeigt die Windrichtung und die Windstärke an.

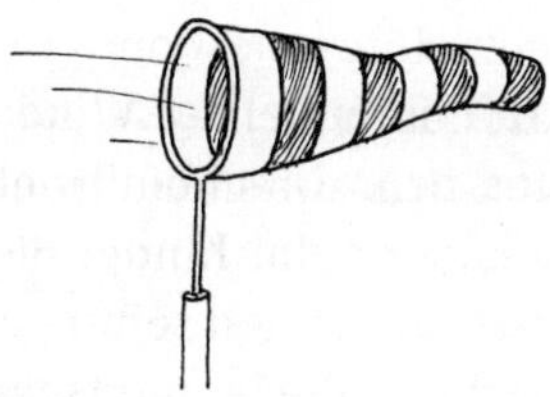

- Winde haben Namen

Föhn:	warmer Wind in den Alpen
Mistral:	kalter Wind in Südfrankfreich
Blizzard:	Schneesturm in Nordamerika

Anregungen für den Unterricht

- Windfahne, Windrad, Schalenkreuz-Windmesser und Windsack können von den Kindern im Rahmen eines Projektes (relativ leicht) selbst hergestellt und zur (groben) Bestimmung von Windrichtung und -stärke verwendet werden.
- In einem selbst entwickelten Beobachtungsbogen werden die „Ergebnisse" festgehalten und illustriert (Bilder, Zeichnungen) und um die gemessenen Windstärken und andere Wetterdaten (Temperatur, Niederschlag, Bewölkung) erweitert.
- Der Vergleich dieser Beobachtungen wird zu unterschiedlichen Zeiten des Jahres wiederholt und vertieft die zuerst gewonnenen Erkenntnisse und Erfahrungen.

Weitere Möglichkeiten

- Ein „kleines Sachbuch" zum Thema „Windmessung" schreiben und illustrieren;
- weitere Begriffe (Bergwind, Talwind, Seewind, Landwind) auf „Karteikarten" (DIN A5) erklären (Text, Bild, Grafik, Tabelle, ...);
- die Text- und Bildangebote in Sachbüchern zum Thema vorstellen, vergleichen, bewerten, ...;
- die Begriffe Windschatten, Windbruch, Windblüter, ... im Lexikon/Internet „nachschlagen", selbst in Bild und Text darstellen, erklären, ...;
- andere Windmessgeräte erfinden, herstellen, beschreiben und damit Luftbewegungen/Wind messen (z. B.: unterschiedliche Materialien an Schnüren „in den Wind hängen");
- die Wirkungen des Windes in Text und Bild darstellen.

Windkraft

Die Menschen nutzen die Kraft (Energie) des Windes beim Segelfliegen, wenn ein Fallschirm zur Erde gleitet, beim Drachenflug etc. In einfachen Versuchen (Papierflieger, Windrad, ...) können die Kinder die Kraft der bewegten Luft, den Aufwind, den Luftwiderstand, der den selbst gebastelten Drachen bremst, ... nachvollziehen und beobachten, die je unterschiedliche Wirkung des Windes beschreiben, illustrieren und in Tabellen darstellen.

In Mitteleuropa herrschen Winde vom Atlantik vor. Am stärksten sind sie auf offener See und an der Küste. Landeinwärts nimmt die Windgeschwindigkeit ab. Sie ist abhängig von der „Höhe über dem Meer" sowie von Geländeform, Bebauung, Bewuchs und weiteren Faktoren. Ab einer Windgeschwindigkeit von 4 m/s können Windenergieanlagen („Windräder") Strom erzeugen. Heute ergänzt die Windenergie andere Energiequellen. Die modernen Windmühlen haben – je nach Bauart – Höhen von über 60 m und einen Rotor-Durchmesser von 50 m. Überwiegend an den windreichen Küsten im Norden finden sich einzelne Windenergieanlagen und sogenannte Windparks, die aus Wind elektrische Energie erzeugen und in das Stromnetz einspeisen.

Projekt
„Windkraft – Windmühlen, Windräder, Windenergieanlagen"

Die Kinder können z. B. mit der Mind-map-Methode das Projekt Windkraft (in den genannten Teilaspekten oder enger gefasst) planen, das Vorhaben entsprechend durchführen und zuletzt die Ergebnisse in der Form präsentieren, für die sie sich in der Team-Diskussion entschieden haben.

Auch hier gilt: Mehr als alles Reden über die Dinge hilft die konkrete Anschauung vor Ort. Wo immer dies möglich ist, sollten wir mit den Kindern „nach draußen" gehen, ggf. eine „Studienfahrt" zu einem Windrad oder einem Windpark planen und nach entsprechender Vorbereitung durchführen, ... die neu gewonnenen Einsichten und Erfahrungen „in Bild und Wort" festhalten, Anderen zur Verfügung stellen, in neuen Zusammenhängen aufgreifen und erweitern („Energie aus Sonne, Wind und Wasser").

(Historisches Windrad: MEV-Verlag, Augsburg)

(Moderne Windräder: bsv-Archiv))

Wind-Gedichte

Was singt der Wind

Was singt der Wind,
Was singt der Wind
In Telegraphendrähten?
Muss fort geschwind,
Mein Kind, mein Kind,
Ich darf mich nicht verspäten!

Was singt der Wind,
Was singt der Wind
In den Kastanienkronen?
Wär ich nicht drauß
Im Feld zu Haus,
Möcht ich in Kronen wohnen!

Was singt der Wind,
Was singt der Wind
Am Bachesrand im Röhricht?
Wer sich nicht wiegt,
Wer sich nicht biegt,
Der bricht, und der ist töricht.

Was singt der Wind
Was singt der Wind
Am Abend in den Bäumen?
Schlaf ein, mein Kind,
Geschwind, geschwind,
Und mögst du friedlich träumen!

James Krüss

Anmerkungen zum Text

Das Gedicht ist eine Hommage an den Wind, an ein Naturphänomen, das in Teilaspekten in seiner typischen Atmosphäre eingefangen wird, und ein Wiegenlied, das durch die besondere klanglich-rhythmische Sprachführung als solches für das Kind erfahrbar wird – auch ohne die „Konkretisierung“ in den drei letzten Versen des Textes.

Die regelmäßige Struktur der einzelnen Strophen vollzieht sich in der jeweils drei Verse umfassenden und nur in der dritten Zeile veränderten Fragestellung sowie in den jeweiligen Antworten. Es sind nicht eigentlich Antworten als vielmehr lyrische Sprachbilder, die man so oder ähnlich in Balladen und in anderen lyrischen Texten findet.

Die regelmäßige Reimstruktur des Gedichtes und sein klanglicher und rhythmischer Aufbau weisen den Text – neben den genannten inhaltlichen Aspekten – als Schlaf- und Wiegenlied aus. Die in allen Strophen gleichlautend sich wiederholenden Anfangsverse (in der sprachlichen Form des Schweifreimes – aabccb), die weiblichen Endreime im jeweils 3. und 6. Vers aller Strophen sowie die sprachlichen Mittel der Alliteration stellen sich hier als eine formale Besonderheit lyrischen Sprechens dar und verleihen dem Text eine balladenhaft-fließende Rhythmik, innere Ruhe und Anschaulichkeit.

Anregungen für den Unterricht

- Über Inhalt und Grundgedanken des Gedichtes sprechen;
- eigene Erfahrungen im Sinne der Textvorlage einbringen;
- diverse inhaltliche Fragestellungen (z. B.: Was wird über den Wind gesagt?) analysieren;
- die vom Autor gestellten „Fragen" beantworten und Alternativen suchen;
- sprachgestalterische Möglichkeiten (im Sinne der inhaltlichen Vorgaben) erproben und vergleichen;
- formale Besonderheiten des Textes benennen (u. a.: Anfangsverse gleichlautend, Fragen im dritten Vers variieren, Reimstruktur/Schweifreim);
- Vergleich des Gedichtes mit „Josef Guggenmos: Der Wind" (Seite 52);
- Vergleich des lyrischen Textes mit einem Sachtext zum Thema.

Der Wind

In allem Frieden
schlief abgeschieden
hinter der Hecke
der Wind.
Da hat ihn die Spitzmaus
– wie Spitzmäuse sind –
ins Ohr gezwickt.
Der Wind erschrickt,
springt auf die Hecke
fuchsteufelswild,
brüllt,
packt einen Raben
beim Kragen,
rast querfeldein
ins Dorf hinein,
schüttelt einen Birnbaum beim Schopf,
reißt den Leuten den Hut vom Kopf,
schlägt die Wetterfahne herum,
wirft eine Holzhütte um,
wirbelt den Staub in die Höhe:
wehe,
der Wind ist los!

Josef Guggenmos

(Aus: Josef Guggenmos, Ich will dir was verraten. 1992 Beltz Verlag, Weinheim und Basel. Programm Beltz & Gelberg. Weinheim)
(Schriftbild aus: Mein Lesebuch 4. Ausgabe B © bsv München)

Anmerkungen zum Text

Aus anthropomorpher Sicht erzählt Josef Guggenmos die Geschichte des Windes, der abgeschieden hinter einer Hecke schläft, bevor er von einer Spitzmaus ins Ohr gezwickt und damit geweckt wird. Von Vers zu Vers steigern sich die Ereignisse: Querfeldein rast der Wind ins Dorf und wirft zuletzt eine Holzhütte um.

In Inhalt und Form übereinstimmend beschreibt der Autor in klanglichen Verben (schlief, erschrickt, springt) und anschaulichen Bildern die unterschiedlichen Wirkungen des Naturphänomens Wind, das die Kinder so oder ähnlich erlebt haben könnten. Guggenmos entfaltet aus einer anderen Perspektive als James Krüss in seinem Gedicht „Was singt der Wind“ (Seite 50) in unregelmäßigen Versen, was er als „Wehe, der Wind ist los!“ zusammenfasst. Die grafische, klangliche und rhythmische Gestaltung des Textes verstärkt die inhaltlichen Aussagen und illustriert die Kräfte und die Unwägbarkeiten der Naturerscheinung.

Es wird nicht schwierig sein, den Kindern die eindringlichen Bilder des Gedichtes vor Augen zu führen und sie anzuregen, in der assoziationsreichen Sprache des Textes eigene Erfahrungen zu entdecken.

Anregungen für den Unterricht

- Über eigene Erfahrungen mit dem Wind (Sturm) sprechen;
- die sprachliche und rhythmische Sprachführung des Textes in entsprechenden Leseversuchen erproben (Tonband);
- die Übereinstimmung von Inhalt und Form untersuchen (Worin bestehen Unterschiede zu anderen Gedichten? Welche Absicht verfolgt die so gewählte „Verschriftung“ der Vorlage?);
- Wörter in der Vorlage markieren, die grafisch verändert wurden; andere Formen der grafischen und farblichen Gestaltung erfinden;
- das Wort Wind im Sinne der sogenannten „Konkreten Poesie“ grafisch gestalten und Alternativen erproben;
- einzelne Wörter (z. B.: Rabe, Holzhütte, Wetterfahne, Staub) durch entsprechende Bilder im Text ersetzen (Wirkung?);
- Vergleich des Textes in der vorliegenden Form mit anderen Möglichkeiten der Verschriftung;
- wie der Wind heulen: laut und leise, hell und dunkel (Windgeräusche – ggf. mit Orff-Instrumenten – nachempfinden);
- die Geräusche des Windes zeichnerisch darstellen und in Bewegungen umsetzen.

Herbstwind und Sonne

Herbst war's. Mal schien die Sonne, mal regnete es, mal blies ein kalter Wind. Gegen dies wechselhafte Wetter hatte sich ein Wanderer dick vermummt.
„Der hat sich gut vorgesehen", sagte der Wind, „aber er hat nicht an mich gedacht! Wenn ich kräftig puste, hält kein Knopf, ja der ganze Mantel fliegt davon."
„Gut, wetten wir", sagte die Sonne. „Wer's von uns zweien zuerst schafft, dass der Wandersmann ohne Mantel geht, soll Sieger sein. Beginn du."
Der Wind bläht sich wie ein Ballon, schiebt Wolken vor die Sonne, pfeift, faucht und stürmt. Er packt den Mantel an Falten und Kragen, doch der Mann wickelt sich nur umso fester in ihn ein. Ziegel krachen von den Dächern, Boote kentern, Bäume stürzen – der Mantel hält.
Jetzt zerteilt die Sonne das schwarze Wolkenmeer, sie strahlt und wärmt. Dem Wanderer in seinem schweren Mantel wird's zu heiß; er zieht ihn aus, noch ehe die Sonne ihre ganze Kraft entfaltet hat. So bewirkt Milde oft mehr als rohe Gewalt.

nach einer Fabel von La Fontaine

Obwohl die Überschrift nahe legt, dass es sich um einen „Herbst- oder Wind-Text" handeln könnte, sind Inhalt und Gehalt der Fabel von zeitloser Gültigkeit – wie zuletzt in der sogenannten Lehre formuliert: „So bewirkt Milde oft mehr als rohe Gewalt." Es geht also gar nicht um „Herbst und Wind".

Die Fabel von La Fontaine könnte damit der erste Schritt in einer Unterrichtsreihe sein, in der wir den Kindern entsprechende Texte vorlegen, um mit ihnen sozusagen zwischen den Zeilen zu lesen, der Vorlage gemäße Situationen beschreiben und erzählend umkreisen, ohne die Metaphern und Bilder aufzulösen.

Schreibwerkstatt

So ein Wind!

Die Kinder hören auf Kassette oder CD verschiedene Windgeräusche und überlegen, was der Wind alles bewirken könnte. Die Äußerungen werden zeichnerisch und schriftlich festgehalten und anschließend ausgestellt.
Musikalisch geschulte Klassen können beim Vorlesen ihre Geschichte zusätzlich mit Windinstrumenten untermalen (Trommel, Xylophon mit dicken Schlägel, Rassel, Gurke).

Zusätzliche Möglichkeiten: Was der Wind alles kann:

- Die Kinder sammeln Zeitungsausschnitte.
- Sie entnehmen aus behandelten Gedichten Informationen und stellen diese stichpunktartig zusammen.
- Zusammenstellen einer Info-Wand mit Schülertexten, Zeitungsausschnitten und passenden Gedichtzeilen.

Ein Drachen geht auf Reisen

Mit Musik werden die Kinder eingestimmt: Was könnte ein Drachen auf seiner Reise erleben? Sie schreiben die Erlebnisse auf und illustrieren sie. Je nach Leistungsstand können sie einfache Reihensätze (Ich fliege über ...) oder eine zusammenhängende Geschichte (Start – Reise – Landung) schreiben.

Windradgeschichten

Die Kinder sammeln in der Gruppe Wirkungen des Windes (z. B. Mütze vom Kopf wehen, Wäsche trocknen, Papier weg wirbeln, Windrad antreiben). Anschließend wählt jedes Kind einen Stichpunkt aus und schreibt ihn auf einen Flügel eines Windrades (auf Tafel oder Plakat zeichnen). Dann formuliert jedes Gruppenmitglied eine Geschichte zu diesen ausgewählten Stichpunkten.

Bildergeschichten zeichnen

Die Kinder im 3./4. Schuljahr zeichnen für die jüngeren Kinder einfache Bildergeschichten, z. B.:
Der Wind weht eine Mütze vom Kopf.
Der Wind dreht den Regenschirm um.
Der Wind dreht das Windrad.
Der Wind lässt den Drachen steigen.
...

Unterrichtliche Möglichkeiten:

- Die Kinder schreiben zu den Bildern einen Satz oder eine kurze Geschichte.
- Leistungsschwächere Kinder erhalten Satzstreifen und ordnen die Sätze den passenden Bildern zu.

Schreibspiel

Die Kinder schreiben in der Gruppe Begriffe auf, die ihnen zum Wort „Wind" einfallen. Anschließend schreibt jeder aus der Gruppe einen Satz mit einem der gesammelten Wörter als Anfang einer Geschichte auf ein Blockblatt. Nach dem ersten Satz wird das Blatt an den rechten Nachbarn gegeben. Dieser setzt die Geschichte mit einem Satz fort, der wiederum eines der gesammelten Wörter enthält. Das wird so oft fortgesetzt, bis der erste Schreiber das Blatt wieder in Händen hat. Er schreibt das Ende der Geschichte. Zum Schluss werden die Geschichten vorgelesen.

Materialien für den offenen Unterricht (Wind-Experimente)

Papierstreifen flattern lassen (für diesen und die folgenden Versuche müsst ihr auf einen windigen Tag warten)

Das braucht ihr dazu:
- einen Papierstreifen aus dünnem Papier (am besten nehmt ihr Seidenpapier)

So wird es gemacht:
- Haltet den Papierstreifen in den Wind.

Was geschieht?
- Der Papierstreifen ist leicht. Deshalb flattert er in die Richtung, **in** die der Wind weht. Die Richtung, **aus** der der Wind kommt, ist genau entgegengesetzt.
- Zum Beispiel: Bläst der Wind den Papierstreifen nach Osten, kommt der Wind von Westen.

Woher kommt der Wind?

Das braucht ihr dazu:
- einen Kompass
- etwas Wasser

So wird es gemacht:
- Macht euren Zeigefinger nass.
- Haltet ihn in den Wind.

Was geschieht?
- Eine Seite des Fingers wird sich kälter anfühlen. Diese Seite trocknet auch schneller.

- Das Wasser verdunstet an der Seite des Fingers schneller, an die der Wind direkt hinbläst. Beim Verdunsten wird Wärme verbraucht. Deshalb fühlt sich der Finger an der Stelle, auf die der Wind trifft, kälter an. Diese Seite des Fingers zeigt in die Richtung, aus der der Wind kommt.

Wäsche trocknen

Das braucht ihr dazu:
- zwei Tücher (z. B. Hand- oder Geschirrtücher)
- Wäscheklammern
- zwei „Wäscheleinen" (normale Schnur geht genauso)

So wird es gemacht:
- Macht die Tücher nass und wringt sie danach gut aus.
- Hängt das eine Tuch an einer windigen Stelle auf.
- Für das andere Tuch sucht ihr einen windgeschützten Platz.

Was geschieht?
- Das Tuch im Wind trocknet schneller als das andere an der windgeschützten Stelle.
- Damit etwas trocknen kann, muss Wasser verdunsten. Dabei wird der Wasserdampf von der Luft aufgenommen.
- An der windgeschützten Stelle bewegt sich die Luft kaum. Bald ist um das Tuch herum so viel Wasserdampf in der Luft, dass die Luft nur noch wenig aufnehmen kann. Deshalb dauert es hier viel länger, bis das Tuch trocknet.
- An dem im Wind flatternden Tuch streicht viel Luft vorbei. Diese Luft kann mehr Wasserdampf aufnehmen. Deshalb wird dieses Tuch schneller trocken.

Mit dem Windsack den Wind beobachten

Das braucht ihr dazu:
- altes Hosenbein
- Draht
- Schnur
- Holzstock
- eventuell Nadel und Faden

So wird es gemacht:
- Steckt den Draht entlang der größeren Öffnung des Hosenbeines. Führt dabei den Draht auf und ab wie beim Nähen.
- Die kleinere Öffnung des Hosenbeines könnt ihr mit Nadel und Faden zunähen. Ihr könnt sie aber genauso gut offen lassen.

- Schneidet fünf Schnurstücke mit einer Länge von je 20 cm ab.
- Knotet jeweils ein Ende der Schnüre am Draht fest. Die Abstände der Knoten sollen ungefähr gleich sein.
- Nehmt jetzt die anderen Enden der Schnüre zusammen und macht einen großen Knoten.
- Bindet diesen Knoten mit einer Schnur am Holzstock fest.
- Befestigt den Stock mit dem Windsack im Freien. Ihr könnt jetzt beobachten, wie stark der Wind weht und aus welcher Richtung er kommt.

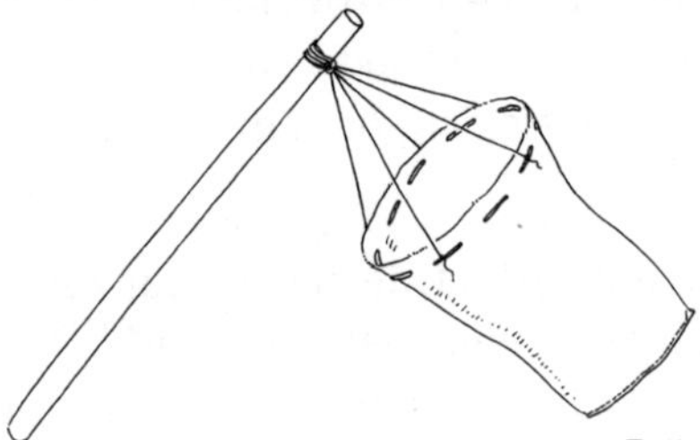

(Aus: Anna Merzinger, Sommer in der Grundschule. Prögel Praxis 228. Oldenbourg Schulbuchverlag. München 2003)

Malen und Basteln

Ich gehe bei starkem Wind in die Schule

Die Kinder gehen vor dem Malen an einem windigen Tag gegen den Wind an und achten dabei genau auf die Körperhaltung. Mit einer Gliederpuppe wird diese Körperhaltung dann im Klassenzimmer als Hilfe zum Malen nachgeahmt.

Gemeinschaftsarbeit Drachen

Jeder zeichnet sich selbst (DIN A5) und faltet dann einen Drachen (Papiergröße 10 cm x 7 cm), der bunt verziert wird. Der Drachenschwanz wird mit bunten Krepppapierstreifen oder -schleifen gestaltet. Die Kinder kleben ihre gezeichnete Figur und den Drachen auf ein großes Plakat. Eine Schnur führt von der Hand des Kindes bis zum Drachen.

Bürstentechnik: Wind

Material: große Papierbögen (DIN A2)
alte Zahnbürsten
Wasserfarben

Die Kinder sitzen in der Gruppe um einen großen Papierbogen. Zu Windgeräuschen (Kassette, CD) setzen sie den Wind in Bewegungen um. Dazu tauchen sie die Zahnbürste in Farbe und malen zu den Geräuschen passende Bewegungen.

Lieder – Musik – Bewegung

Ja, ja, ja, der Herbstwind, der ist da

Dieses Lied wird nach der Melodie „A, a, a, der Winter, der ist da" gesungen und mit entsprechenden Bewegungen begleitet.

Ja, ja, ja, der Herbstwind, der ist da

Text: Detlev Jöcker
Melodie nach „A, a, a, der Winter, der ist da"

2. Ja, ja, ja, der Herbstwind, der ist da.
Und der Drachen tanzt so schön,
kann die Welt von oben sehn.
Ja, ja, ja, der Herbstwind, der ist da.

3. Ja, ja, ja, der Herbstwind, der ist da.
Lustig wie der Drachen fliegt
und sich in den Lüften wiegt.
Ja, ja, ja, der Herbstwind, der ist da.

4. Nein, nein, nein, du Herbstwind, lass das sein.
Wirf den Drachen nicht auf's Feld,
denn ein neuer kostet Geld.
Nein, nein, nein, du Herbstwind, lass das sein.

Spielvorschlag
Strophe 1: Die Arme ausbreiten und als Drachen durch den Raum fliegen.
Strophe 2: Die Arme auf und ab bewegen.
Strophe 3: Sich mit ausgebreiteten Armen im Kreis drehen.
Strophe 4: Sich einfach auf den Boden setzen.

(Aus: Detlev Jöcker, Das Krabbelmäuse Liederbuch. Alle Rechte im Menschenkinder Verlag, 48157 Münster)

Windspiele

Die Kinder stellen den Wind mit Bändern, Tüchern oder dem Schwungtuch dar. Die Lehrerin erzählt eine kurze Geschichte vom Wind in seinen verschiedenen Stärken, wozu die Kinder mit Bändern und Tüchern verschiedene Bewegungsarten erfinden.

- Laufen und dabei das Band oder Tuch hinter dem Kopf halten und hin und her bewegen.
- Das Band oder Tuch hochwerfen und wieder fangen.
- Mit dem Band oder Tuch vor dem Körper Spiralen oder Kreise beschreiben.
- In die Hocke gehen, sich aufrichten und das Band oder Tuch neben oder vor dem Körper bewegen.

Mit einem Schwungtuch kann die ganze Klasse mit langsamen, schnellen, kleinen und großen Bewegungen „Wind machen". Einzelne Kinder können dabei unter dem schwingenden Tuch durchlaufen oder sich unter das schwingende Tuch setzen.

Drachen – Tanz zwischen Himmel und Erde

Herbstwind und Oktobersonne locken die Kinder mit ihren Drachen auf Wiesen und Stoppelfelder. Die Kunst, einen Drachen durch die Luft tanzen zu lassen, ist Jahrtausende alt. Das Drachensteigen wurde im 5. Jahrhundert vor Chr. in China erfunden. Die Chinesen bastelten künstliche Vögel aus Papier, die sie zum Fliegen brachten. Sie bemalten sie mit schrecklich aussehenden Drachengesichtern, um damit die bösen Luftgeister aus den Wolken zu vertreiben. Seit dieser Zeit hat der Papierdrachen seinen Namen, auch wenn er heute ein freundliches Gesicht trägt.

Freiheit in der Luft nicht grenzenlos

Beim schönen Spiel mit Drachen und Wind sind einige Regeln zu beachten, damit das Ganze ein Vergnügen bleibt:

- Nicht jedes Feld oder jede Wiese eignet sich als Drachenflugplatz. Dort, wo viele Menschen sind, kann ein abstürzender Drachen schwere Verletzungen verursachen.
- Weder Autobahn noch Flugplatz sollten sich in der Nähe befinden. Um Zusammenstöße mit anderen Fliegern zu vermeiden, darf die Drachenschnur nicht länger als 100 Meter sein. Je länger die Schnur ist, desto schwieriger lässt sich ein Drachen kontrollieren.
- In der Nähe von elektrischen Leitungen und Strommasten droht Lebensgefahr. Ein Acker, über den eine Stromleitung führt, taugt nicht als Flugplatz.

Es ist ein Sicherheitsabstand von mindestens 600 Metern einzuhalten, damit sich der Drachen nicht in den Stromleitungen verfängt.

Wir bauen einen Drachen

Wir brauchen dazu:
zwei dünne Leisten (1,10 m und 0,80 m lang), Drachenpapier, Kordel und Klebstoff

So wird es gemacht:
- Leisten kreuzförmig zusammenbinden
- Holzenden einkerben, damit die Schnur sich besser verknoten und spannen lässt
- Schnur verknoten und verspannen
- An den Holzenden bohren (für Steigschnur, Spannung, Schwanz)
- Drachenpapier auf das Leistengerüst legen, zuschneiden und um die Schnur kleben
- Querleiste mit Schnur spannen und Spannungsholz (8 cm lang) befestigen
- Drachenschwanz (ca. 3 m lang) aus Papierresten basteln
- Steigschnur an den Enden der längeren Leiste befestigen

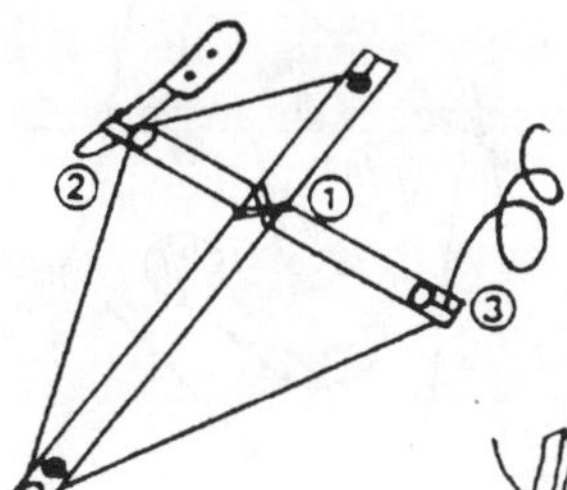

Wir können mit den Kindern
- eine ausführliche Bastelanleitung schreiben und zum besseren Verständnis die einzelnen Arbeitsschritte illustrieren;
- mehrere Textproben vergleichen und auf ihren Aussagewert hin überprüfen;
- die Besonderheiten einer Bastelanleitung im Anschluss an den vorgenannten Textvergleich auflisten:

Was wir bei einer Bastelanleitung beachten
1. Die benötigten Materialien und Werkzeuge angeben
2. Die Handlungsschritte genau beschreiben
3. Fachbegriffe verwenden
4. Reihenfolge beachten
5. Zeitform: Präsens (Gegenwart)
6. Bei der Sache bleiben
(Meinungen und persönliche Anmerkungen gehören nicht dazu.)

Drachenfest

Wir planen mit den Kindern ein Drachenfest, zu dem wir „Groß und Klein" einladen. Dazu können wir (u. a.) ...
... einen Einladungstext schreiben und verteilen (örtliches Mitteilungsblatt, Elternbrief, Schülerzeitung)... ein Plakat „Drachenfest" entwerfen und es in der Schule und andernorts aushängen... nach der Veranstaltung in den vorgenannten „Medien" vom Drachenfest in „Wort und Bild" berichten...

Drachensteigen immer noch „in"

Bei Sonnenschein und dem richtigen Wind startete das Drachenfest der Pestalozzi-Grundschule auf der Heinrichshöhe. Kinder und Lehrerinnen konnten viele Drachenfreunde begrüßen. Zeitweise waren über 40 Drachen am strahlend blauen Himmel zu sehen. Drachen in allen Größen und Formen wurden von ihren kleinen und großen Besitzern zum Fliegen gebracht. Einige Teilnehmer fanden die Zeit, ihren Drachen selbst zu bauen. Für ihre Mühe wurden sie mit einem Preis belohnt.

Drachenlied

Wenn der frische Herbstwind weht

Melodie: Richard R. Klein
Text: Albert Sixtus

2. Und er wackelt mit dem Ohr, wackelt mit dem Schwänzchen.
   Und er tanzt den Wolken vor, hui, ein lustig Tänzchen.

(Aus: Richard Rudolf Klein, „Willkommen, lieber Tag", © Daimonion Verlag, Wiesbaden)

Warum fliegt ein Drachen (Versuch)

Du beobachtest:
Ohne Schwanz fliegt der Drachen nur im Kreis...
und stürzt schließlich ab.

Du brauchst:
- ein Blatt Papier
- eine Schere
- einen Faden (ca. 50 cm lang)
- Kleber

So geht es:
- Schneide einen Papierstreifen (20 cm lang, 5 cm breit).
- Klebe den Faden an eine der kurzen Seiten des Papierstreifens.
- Nimm das lose Ende des Fadens und ziehe den Papierstreifen durch die Luft
- Was passiert?
- Schneide einen zweiten Papierstreifen (20 cm lang, 5 **mm** breit).
- Klebe diesen schmalen Streifen an das Ende des breiten, sodass es wie ein Schwanz aussieht.

- Ziehe die Streifen („Drachen mit Schwanz") durch die Luft. Was passiert jetzt?

Was ist passiert?
Zuerst wirbelt der Papierstreifen herum – wie ein Drachen ohne Schwanz. Der zusätzliche schmale Papierstreifen verhindert zu schnelle und ungleichmäßige Bewegungen in der Luft.

2.3 ES REGNET

Was ist Regen?

Wenn Luft abkühlt, entstehen winzige Wassertröpfchen. Sie sammeln sich und es bilden sich Wolken. Die Tröpfchen wachsen immer weiter. Irgendwann werden sie zu schwer und die Wolke kann sie nicht mehr festhalten. Es regnet. Ist es sehr kalt, dann gefrieren die Tropfen und sie fallen als Hagel, Graupel oder Schnee nieder.

(Aus: Kinderduden. Bibliographisches Institut & F. A. Brockhaus. Mannheim 2001)

Weißt du, warum es regnet?

Die meisten grauen Regenwolken entstehen über dem Meer. Wenn die Sonne scheint, verdampft Wasser. Der Wasserdampf steigt auf. Es bilden sich viele winzige Wassertröpfchen, die höher und höher in kühlere Luftschichten gesogen werden. Dabei bilden sich die Wolken. Die Regenwolken ziehen im Wind über das Meer und das Land. Wird das Wasser in den Wolken zu schwer, sinken die Wolken zuerst tiefer und dann fallen die Niederschläge. Im Sommer ist es Regen und im Winter ist es Schnee.
Das Regenwasser, das auf die Erde fällt, ist meist sauber. Es sammelt sich in kleinen Pfützen und Rinnsalen und versickert in der Erde. Das Regenwasser sickert immer tiefer durch Sand und auch Gestein. Dann sammelt es sich in unterirdischen Wasserläufen und fließt als Quelle wieder heraus. Mehrere Quellen bilden schließlich einen Bach. Die Bäche münden in Flüsse und die Flüsse fließen in das Meer.
Die Kinder fertigen zu diesem Text eine Sachzeichnung an mit den einzelnen Stationen des Wasserkreislaufes.

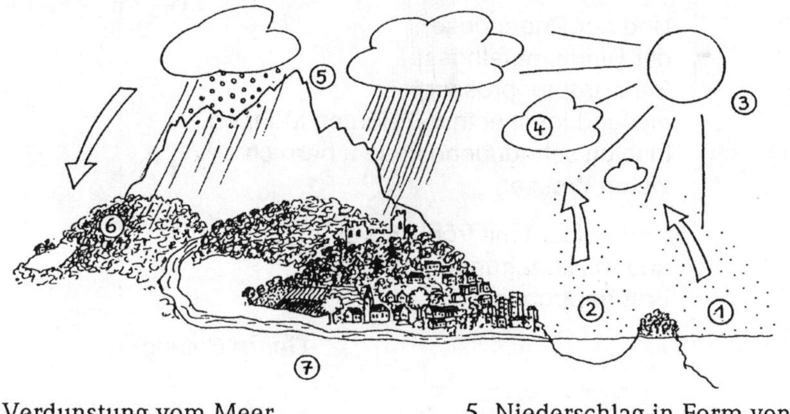

1. Verdunstung vom Meer
2. Verdunstung von Seen und Flüssen
3. Sonnenenergie
4. Wolkenbildung
5. Niederschlag in Form von Regen, Eis und Schnee
6. Versickerung
7. Grundwasser

(Zeichnung von Uta Fischer, München, aus: Projekte „Feuer“ und „Wasser“. Prögel Praxis 219. Oldenbourg Schulbuchverlag. München 2000)

Regen-Gedichte

Fröhlicher Regen

Wie der Regen tropft, Regen tropft,
an die Scheiben klopft!
Jeder Strauch ist nass bezopft.
Wie der Regen springt!
In den Blättern singt
eine Silberuhr
durch das Gras hinläuft,
wie eine Schneckenspur,
ein Streifen weiß beträuft.

Das stürmische Wasser schießt
in die Regentonne,
dass die überfließt
und in breitem Schwall auf den Weg bekiest
stürzt Fall um Fall.

Und der Regenriese,
der Blauhimmelhasser,
Silbertropfenprasser,
niesend fasst er in der Bäume Mähnen,
lustvoll schnaubend in dem herrlich
vielen Wasser.

Und er lacht mit fröhlich weißen Zähnen
und mit kugelrunden, nassen
Freudentränen.

Georg Britting

(Aus: Georg Britting, Sämtliche Werke, Bd. II: Gedichte 1930 – 1940. SW List Verlag. 1996)

Möglichkeiten zur kreativen Textarbeit

- Die Kinder suchen Belege aus dem Text, warum das Gedicht die Überschrift „Fröhlicher Regen“ trägt.
- Die Kinder suchen selbst solche „fröhlichen Seiten“ des Regens.
- Sie suchen, angeregt durch die beiden Wörter „Blauhimmelhasser“, „Silbertropfenprasser“ selbst fantasievolle Wörter für den Regen, z. B. „Tropfenwerfer“, „Pfützenbauer“, „Matschmacher“, „Pitsch-Patscher“.
- Das Gedicht kann zum Erörtern der negativen Seiten des Regens anregen (Zeitungsausschnitte).

Regenschirme

Wenn die ersten Tropfen fallen,
lustig auf das Pflaster knallen,
blühen sie wie Blumen auf.
Bunt gestreifte, bunt gefleckte,
bunt getupfte, bunt gescheckte
nehmen fröhlich ihren Lauf.
Seit die ersten Tropfen fielen,
schweben sie auf dünnen Stielen,
leuchtend, schimmernd, rund und glatt.
Bunt gestreifte, bunt gefleckte
bunt getupfte, bunt gescheckte
Schirme blühen in der Stadt.

Vera Ferra-Mikura

(Aus: Hans Joachim Gelberg (Hrsg.), Die Stadt der Kinder. dtv. Recklinghausen 1962)

Anschließend entwerfen die Kinder Muster für Regenschirme (siehe S. 70)

Schreibwerkstatt

Ich schaue bei Regen aus dem Fenster

Die Kinder schauen an einem Regentag aus dem Fenster und beschreiben dann ihre Eindrücke.

Regentropfengeschichten

Die Kinder schreiben in der Gruppe Wörter, die ihnen zum Regen einfallen, auf Regentropfen aus Papier. Die beschriebenen Tropfen werden gemischt. Jedes Kind zieht ein Wort. Aus den gezogenen Regentropfenwörtern formuliert die Gruppe dann eine zusammenhängende Geschichte.
Variante: Jedes Kind formuliert zu den gezogenen Regenwörtern eine Geschichte. Anschließend werden die Geschichten verglichen.

Regen bringt Segen?

Die Kinder schreiben einen positiven und einen negativen Satz vom Regen auf. Diese werden anschließend gesammelt und geordnet. Im Unterrichtsgespräch wird verdeutlicht, dass Regen Freude, aber auch Sorgen bringt.

Regengeräusche

Die Kinder entwerfen in der Gruppe eine Geschichte über unterschiedliche Regenerscheinungen, vom Tröpfeln bis zum Platzregen. Diese Geschichten werden dann mit verschiedenen Instrumenten untermalt.

Materialien für den offenen Unterricht (Regen-Experimente und Spielideen)

Löschblatt-Versuch (für diesen und den nächsten Versuch müsst ihr auf Regen warten)

Das braucht ihr dazu:
- mindestens drei Löschblätter
- wasserdichte Unterlagen (z. B. Teller, Tablett)
- Uhr mit Sekundenzeiger oder Stoppuhr

Führt diesen Versuch bei beginnendem, leichten Regen, bei stärkerem Regen und bei Platzregen durch.

So wird es gemacht:
- Legt das Löschblatt in den Regen. Der Teller oder das Tablett dient als Unterlage, damit das Löschblatt nicht von unten nass wird.
- Nach genau zehn Sekunden holt ihr das Löschblatt wieder herein.
- Umfahrt die Wasserflecken mit einem Stift.
- Für den nächsten Versuch nehmt ein neues Löschblatt.
- Vergleicht die Anzahl und Größe der Wasserflecken bei leichtem und stärkerem Regen. Wie sieht das Löschblatt nach zehn Sekunden im Platzregen aus?

Wir bestimmen die Regenmenge mit dem Regenmesser

Das braucht ihr dazu:
- ein Marmeladenglas und einen Trichter, der auf die Glasöffnung passt, oder eine Plastikflasche
- Messbecher
- wasserfester Folienstift
- Klebeband
- schwerer Blumentopf, der etwas größer als das Marmeladenglas bzw. die Plastikflasche ist
- Schere

So wird es gemacht:
- Füllt den Messbecher bis zur 50-ml-Marke mit Wasser. Gießt das Wasser ins Marmeladenglas. Markiert mit dem wasserfesten Folienstift den Was-

serpegel. Wiederholt das einige Male. So erhaltet ihr mehrere Maßlinien. Am Schluss schüttet ihr das Wasser wieder aus.

- Setzt den Trichter auf die Glasöffnung und klebt ihn mit dem Klebeband fest. Sollte er nicht genau passen, schneidet ihr den oberen Rand etwas zurecht.
- Falls ihr anstelle des Marmeladenglases eine Plastikflasche verwendet, geht ihr so vor: Schneidet den oberen Teil der Flasche da ab, wo die Flaschenwände gerade werden. Bringt die Maßlinien wie beschrieben an der Flasche an. Legt dann den abgeschnittenen Teil der Flasche umgekehrt in die Öffnung und klebt ihn fest.
- Stellt euren Regenmesser draußen in den schweren Blumentopf, damit er nicht umfällt.
- Notiert täglich, möglichst zur gleichen Zeit, wie viel Wasser sich im Regenmesser befindet. Vergesst nicht, euren Regenmesser nach jeder Messung zu leeren.

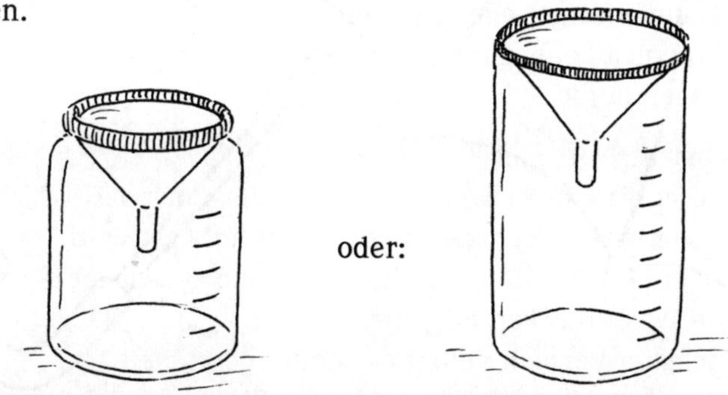

(Aus: Anna Merzinger, Sommer in der Grundschule. Prögel Praxis 228. Oldenbourg Schulbuchverlag. München 2003)

Regentropfen-Spiel

Dieses Spiel kann sowohl mit Satzarten als auch mit Wortarten gespielt werden.
Satzarten:
Die Lehrerin schreibt verschiedene Sätze (auch von Kindern genannte) in Tropfenform ohne Satzzeichen am Ende auf blaues Papier und schneidet diese Tropfen aus. Auf die Rückseite schreibt sie das fehlende Satzzeichen. Für jedes Kind wird noch ein Regenschirm aus Tonpapier benötigt.
Beispiel:

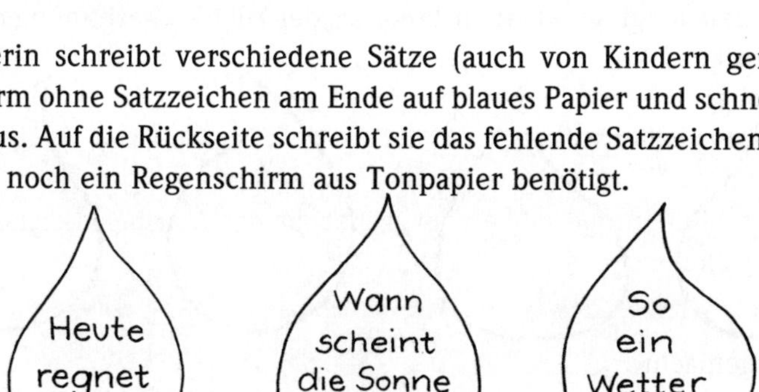

Zu Beginn des Spieles werden die „Regentropfen“ mit der Satzseite nach oben in der Mitte zwischen den Spielern aufgelegt. Jedes Kind erhält einen Regenschirm.
Die Kinder würfeln mit dem „Rot-Grün-Würfel“, d. h. nur bei „Grün“ darf der Spieler ein Satzkärtchen nehmen. Er liest den Satz laut vor und nennt das fehlende Satzzeichen. Zur Kontrolle wird das Kärtchen umgedreht. Hat der Spieler das richtige Satzzeichen genannt, legt er die Karte auf seinen Schirm. Andernfalls wird der Tropfen wieder zurückgelegt. Wer am Ende auf seinem Schirm die meisten Tropfen sammeln konnte, hat gewonnen.

Mögliche Aussagesätze:
- Heute regnet es.
- Heute ist es neblig.
- Heute scheint die Sonne.
- Die Wolken ziehen schnell.
- Der Wind bläst stark.
- Im Herbst fallen die Blätter von den Bäumen.
- Im September beginnt der Herbst.
- Oktober ist ein Herbstmonat.
- Im Herbst lassen wir unsere Drachen steigen.
- Nach dem Herbst kommt der Winter.

Fragesätze
- Gefällt dir der Herbst?
- Wollen wir unsere Drachen steigen lassen?
- Hörst du die Blätter rauschen?
- Willst du mit unter meinen Schirm?
- Sieht man deine Jacke gut im Nebel?
- Wie viele Farben hat der Herbst?
- Wollen wir Nüsse sammeln?
- Kennst du diese Früchte?
- Spürst du den kalten Wind?

Ausrufe- und Aufforderungssätze:
- Hui, so ein Sturm!
- Ist das heute kalt!
- Erkälte dich nicht!
- Zieh dich warm an!
- Schalte dein Fahrradlicht ein!
- Hurra, die Sonne scheint!
- So ein Nebel!

- O, sind die Blätter aber rutschig!
- Pass auf!
- Lass deinen Drachen bloß nicht in der Nähe von Stromleitungen steigen!
- Iss niemals Beeren, die du nicht kennst!
- Sammle nur Pilze, die du sicher kennst!

Variante mit Wortarten: Auf der Vorderseite stehen verschiedene Wörter, auf der Rückseite die entsprechende Wortart.

Malen und Basteln

Wir bemalen Regenschirme

Zunächst erproben die Kinder auf einem Teilausschnitt des Schirmes verschiedene Möglichkeiten. Dann gestalten sie den ganzen Schirm. Die fertigen Schirme werden ausgeschnitten und anschließend auf graues Tonpapier geklebt, das anschließend mit blauen Regentropfen verziert werden kann.

Teilausschnitt

Regenschirm

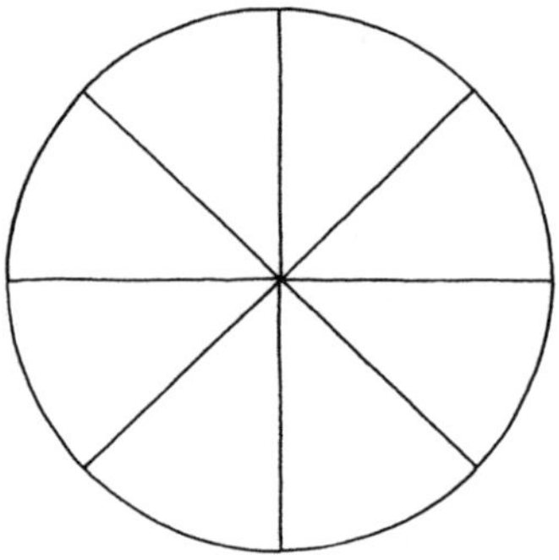

Ich gehe mit meinem Regenschirm in die Schule

Die Kinder malen sich selbst mit einem Regenschirm in „Großaufnahme“ mit Wasserfarben auf graues Tonpapier. Damit die Farben leuchten, werden sie mit etwas Deckweiß gemischt. Mit Pinseltupfern malen sie Regentropfen über und neben den Schirm.

Regenschirm-Kunstwerke (Klassenzimmerschmuck)

Beschädigte Regenschirme ohne Stoffbespannung werden am Griff an der Decke befestigt und mit vielerlei Herbstgegenständen geschmückt, z. B. mit Regentropfen aus Tonpapier, Blättergirlanden, Krepppapier in Herbstfarben, Blättern und Früchten.

Wenn die Regentropfen

1. Strophe
Ich seh' schon lang' zum Fenster hin,
Tropfen rutschen schnell hinab.
Die Pfützen dort sind kleine Seen,
wie gerne hier ein Stiefel stapft.
Doch Mama sagt, „Das geht doch nicht,
der Regen, der ist viel zu dicht!"

Refrain:
Wenn die Regentropfen an mein Fenster klopfen,
ja, dann möcht' ich draußen sein,
denn wenn die Regentropfen an mein Fenster klopfen,
wäscht der Regen alles rein.

2. Strophe
Dann zieh' ich schnell die Jacke an,
die Mama sagt „Was, du willst gehn'?"
Ich schleiche raus, zur Tür hinaus
schau' in die Wolken, das ist schön.
Der Regen wäscht mir das Gesicht
und dass es kalt ist, stört mich nicht.

Refrain:
Wenn die Regentropfen ...

(Aus: Thomas Blendinger, Kennst du den Herrn Celsius? Neue Lieder für den Sachunterricht im 1. und 2. Schuljahr (mit Kassette). Prögel Kopiervorlagen 44. Oldenbourg Schulbuchverlag. München 1996)

Regenschirme

Text: Vera Ferra-Mikura
Melodie: Manfred Bauer

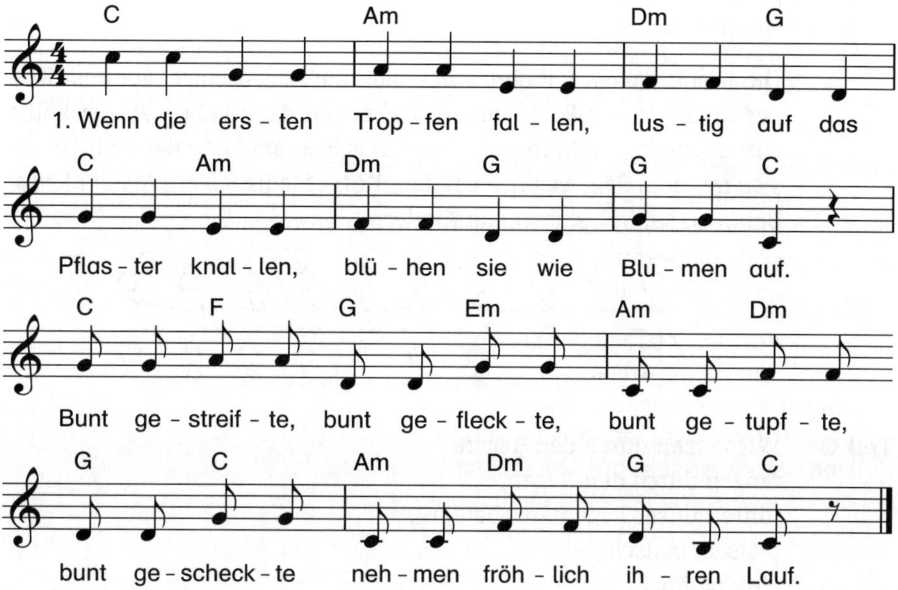

Seit die ersten Tropfen fielen, schweben sie auf dünnen Stielen,
leuchtend, schimmernd, rund und glatt.
Bunt gestreifte, bunt gefleckte, bunt getupfte, bunt gescheckte
Schirme blühen in der Stadt.

(Aus: Die Nadel sagt zum Luftballon. Domino Verlag. München 1988)

Regenschirmtanz

Teil A **Aufstellung:** siehe Zeichnung bei Teil B

Vorspiel: Xylophonmelodie mit dem Holzschlägel spielen, so oft wiederholen, bis alle Schirme aufgespannt sind. Die Schirme öffnen sich im Rhythmus des Vorspiels.

Es tröpfelt. Die Kinder sitzen mit geschlossenen Schirmen auf dem Boden. Ein Regenschirm nach dem anderen wird geöffnet.

Teil B Die Tropfen fallen platsch,
die Tropfen fallen platsch,
wir spannen unsre Regenschirme auf,
platsch, platsch.
Ho, ha, ho.

Die Kinder gehen mit dem aufgespannten Regenschirm vor dem Körper innen an der Reihe vorbei und gehen dann außen an der Reihe vorbei wieder an ihren alten Platz. Das Paar am Ende der Reihe dreht sich mit dem Regenschirm vor dem Körper lediglich ein Mal im Kreis. Bei „Ho, ha, ho" stehen alle Kinder.

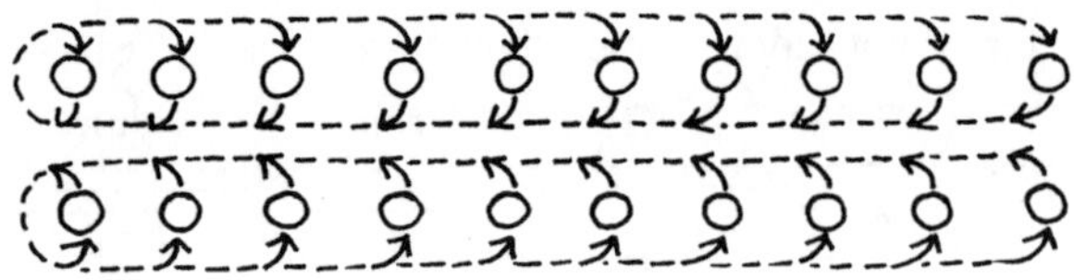

Teil C Wir tanzen durch den Regen,
tanzen durch den Regen,
führen unser Regentänzchen auf,
platsch, platsch.
Ho, ha, ho.

Die Kinder bilden einen Kreis und gehen im Uhrzeigersinn (rechte Schulter nach innen) vier Takte und halten dabei den Schirm nach außen. Anschließend drehen sich die Kinder auf vier Takte vier Mal, dabei bewegen sie die Schirme nach oben und unten. Bei „Ho, ha, ho" stehen alle Kinder.

Teil D **Zwischenspiel**
So lange, bis alle Kinder stehen.
Der Kreis löst sich auf in folgende Aufstellung:

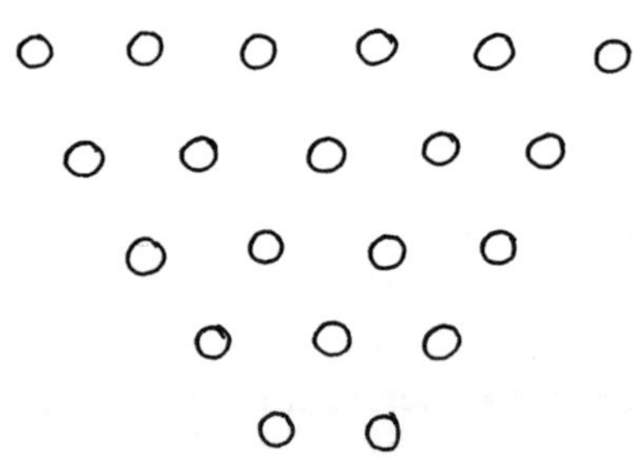

Die Kinder halten die Schirme vor dem Körper und drehen sie.

Teil E Plitsche, platsche, platsche, plitsch.
Alle Kinder tanzen lustig durch die Regenpfütz.

Die Kinder stellen die Schirme auf dem Boden ab und hüpfen um die Schirme herum.

Teil F Plitsche, platsche, platsche, plitsch.
Mit den Regenschirmen tanzen alle durch die Pfütz.

Die Kinder gehen partnerweise zusammen, halten den Schirm mit der linken Hand nach hinten, geben dem Partner die rechte Hand und drehen sich.

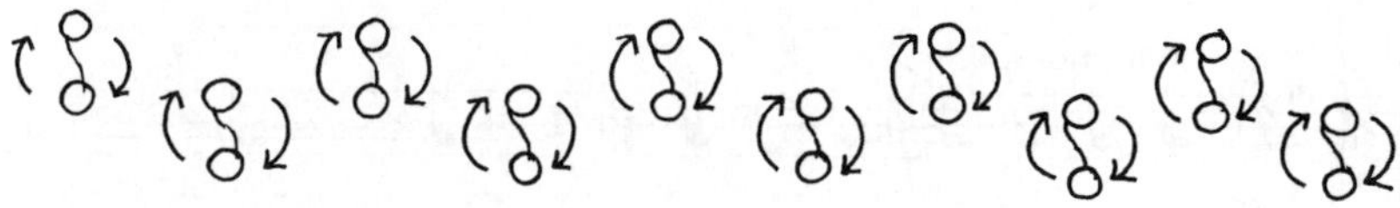

Teil G **Schluss** (wie Vorspiel)
So lange, bis alle Kinder hinter den Schirmen versteckt sind.
Die Kinder setzen sich hin und verstecken sich hinter dem Schirm.

Variante: Zuerst wird das ganze Lied gesungen, dann wird es ohne Gesang getanzt, zur Melodie von Klavier, Gitarre oder Flöte. Am Ende wird noch einmal gesungen.

Tanz der Regenschirme

Musik: K. Eibl

D
E / F
Plit - sche, plat - sche,
Plit - sche, plat - sche,
plat - sche, plitsch.
plat - sche, plitsch.
Al - le Kin - der tan - zen lus - tig
Mit den Re - gen - schir - men tan - zen
Vom 𝄋 bis zu Fine
durch die Re - gen - pfütz.
al - le durch die Pfütz.
Vom 𝄋 bis zu Fine

2.4 SO EIN NEBEL

Was ist Nebel?

Wenn die Luft abkühlt, verdichten sich die darin enthaltenen Wasserteilchen zu feinen Tröpfchen. Es entsteht Nebel. Manchmal ist der Nebel so dicht, dass man nur ein paar Meter weit sehen kann. Dann kommt der Verkehr fast zum Stillstand. In der Schifffahrt warnt man bei Nebel mit Nebelhörnern.

(Aus: Kinderduden. Bibliographisches Institut & F. A. Brockhaus. Mannheim 2001)

Nebel-Gedichte

Nebel

Ich stehe am Fenster und schaue hinaus.
Ei! Seht doch: verschwunden ist Nachbars Haus!
Sagt: Wo ist die Straße? Wo ist der Weg?
Wo sind die Zäune, wo ist der Steg?
Der Nebel bleibt hängen, hält alles versteckt,
hat Straßen und Häuser ganz zugedeckt.

Ernst Kreidolf

(Aus: Ernst Kreidolf, © arsEdition GmbH, München)

In einfachen Paarreimen erzählt der Autor, wie sich Wege, Zäune und Stege verändern, der Nebel an Häusern und Straßen hängen bleibt und alles zudeckt...
Das herbstliche Naturphänomen Nebel wird hier so beschrieben, wie es sich Kindern unmittelbar darstellt und nicht in weiterführenden Bildern wie im folgenden Gedicht von F. Güll.

Neben den üblichen Verfahren der unterrichtlichen Behandlung (Klanggestalt des Textes erarbeiten, Gedicht vortragen,...) können die Kinder (je nach Intention allein, mit der Partnerin/dem Partner oder im Team)

- das Gedicht mit einem Lexikon-Artikel vergleichen und die Ergebnisse in einer Tabelle festhalten;

Lexikon: Nebel
Nebel, eine Trübung der Luft durch Ausscheiden von Wasserdampf in sehr kleinen Wassertröpfchen. Er bildet sich, wenn Luft mit viel Wasserdampf unter den Taupunkt abgekühlt wird.

- das Gedicht durch Fragen und Antworten (am Text entlang) dialogisieren;
- „vom Fenster aus" (besser: draußen) weitere Dinge „sehen", die der Nebel einhüllt, verändert;
- (im Kontrast zum Text) bildhafte Vergleiche suchen:
  Nebel ist wie ...ausgegossene Milch
  ...wie feiner Sprühregen
  ...wie der lautlose Flügelschlag eines Raben
  ...wie ein Schleier, der sich über das Schilf legt
- die unterschiedlichen Perspektiven der beiden Nebelgedichte vergleichen.

Nebel

Ein Vorhang aus Luft
und Duft
gewoben,

und wie der Wind
geschwind
zerstoben.

Friedrich Güll

Das Gedicht („Rätsel") von Friedrich Güll geht einen Schritt weiter. Die beiden in einem Satz formulierten Metaphern betrachten den Nebel aus einer anderen Perspektive. Weniger eindeutig sprechen sie eine Wirklichkeit an, die zu neuen Überlegungen und Einsichten zu führen vermag.

Es wird zu vermitteln sein, dass der Autor (im uneigentlichen Sinne) den Nebel sprachlich „verdichtet", zugleich aber sichtbar macht, was er „unter seinem Zauberhut" verbirgt. Dabei gilt: Die Metaphern sind das Ganze, sie haben keine zweite, reale Ebene, in die sie übertragen oder übersetzt werden müssten.

Wenn wir mit den Kindern die Metaphern des Textes „erzählend umkreisen", den Nebel in anderen sprachlichen Bildern ausdrücken, zum Gedicht malen und die bildnerischen Probleme ansprechen, verwässern wir nicht, sondern bleiben auf der Höhe der literarischen Vorlage.

Schreibwerkstatt

Haiku

Früher Herbstnebel –
die ersten Sonnenstrahlen
trocknen die Äpfel.

Haiku („Kürzestgedicht“) ist die kleinste japanische Lyrikform mit 5-7-5 Silben in drei Zeilen.
Haiku beschreiben die „Wahrheit des Augenblicks“; leicht hingetupft und schwebend.
Die japanische Dichtung kennt keine Reime und Metren. Man lese die Texte daher unmetrisch, auch dann, wenn sich Versfüße anzubieten scheinen.

Frühnebel fallen. –
Im Holunder erwachen
die Vögel der Nacht.

- _____ _____ _____ _____ _____
  _____ _____ _____ _____ _____ _____ _____
  _____ _____ _____ _____ _____

  Schreibe die Silben des Haiku auf die Linien.

- Aus dieser Wortsammlung entstand der obere Haiku:

Herbst	Sonne
Nebel	Strahlen
früh (am Morgen)	bunte Blätter
einhüllen	fallen
Tau	trocknen
feucht	Äpfel

  Schreibe den Text und unterstreiche die 7 Wörter, die verwendet werden.

- Haiku beschreiben einen ____________________,
  stehen in der ________________, haben __________ Verse,
  keine ________________, 17 Silben (5 – _____ – 5).
  (Lösung: 7, Gegenwart, Reime, Augenblick, drei)

- Ein weiterer Haiku:
  Der Herbstnebel fällt –
  und mit ihm die taunassen
  Früchte des Sommers.
  Kannst du einen eigenen Haiku schreiben?

Materialien für den offenen Unterricht (Nebel-Experimente)

Wenn die Luft abkühlt, verdichten sich die darin enthaltenen Wasserteilchen zu kleinsten Tröpfchen, die sich dann als Nebel ausbreiten.

Dieses Phänomen kann man in zwei einfachen Versuchen nachweisen:

Warum haucht man Brillengläser an, bevor man sie säubert?

Was braucht ihr dazu?
kleinen Spiegel, Handspiegel

So wird es gemacht:
Haucht den Spiegel an und beobachtet, wie die Oberfläche beschlägt.

Was geschieht?
Der in der Atemluft enthaltene Wasserdampf „beschlägt" den Spiegel, weil sich auf der kalten und glatten Oberfläche kleinste Tröpfchen bilden.
Reibt man Brillengläser mit einem Tuch, nachdem man sie angehaucht hat, „wäscht" man sie sozusagen.

Woraus bestehen Wolken?

Was braucht ihr dazu?
Gefäß mit Wasser, Schale mit Eiswürfeln, Wärmequelle

So wird es gemacht:
Bringt das Wasser zum Kochen. Sobald es kocht, haltet die Schale mit den Eiswürfeln über den Wasserdampf. An der Schale bilden sich dicke Wassertropfen, die als Regen herunterfallen.

Was geschieht?
Die warme feuchte Luft der Dampfwolke wird von den Eiswürfeln abgekühlt. Es entstehen Tropfen, weil die kalte Luft die kleinen Wassertröpfchen zusammenzieht.

Wie entsteht Nebel?

Du brauchst:
- einen Eiswürfel
- ein Stückchen Papier
- ein kleines Metallgefäß (es geht auch der Deckel eines großen Gurkenglases)
- Streichhölzer

- eine durchsichtige Flasche
- heißes Wasser

So machst du es:
1. Spüle die Flasche mit heißem Wasser aus.
2. Knülle das Papier zusammen, lege es in das Metallgefäß (den Deckel) und lass es dir von einem Erwachsenen anzünden.
3. Lass den Rauch in die Flasche steigen.
4. Drehe die Flasche um, stelle sie auf den Tisch und lege einen Eiswürfel auf die Öffnung der Flasche.
5. Beobachte, was in der Flasche geschieht.

Beobachte und überlege:
a) Was geschieht?
b) Warum ist das so?
c) Ist es Nebel oder eine Wolke?

Lösung:
a) In der Flasche bildet sich Nebel. Die Luft in der Flasche wird trüb, die Flasche ist nicht mehr so durchsichtig wie vorher.
b) Ein Teil des heißen Wassers verdunstet und steigt als unsichtbarer Wasserdampf nach oben. Wenn er auf den Eiswürfel trifft, wird er abgekühlt. Es bilden sich winzige Wassertröpfchen, die sich an die Rauchteilchen der Luft hängen und in der Flasche schweben.
c) Man könnte dazu „Nebel“ oder „Wolke“ sagen. Nebel besteht nämlich aus Wolken, die in der Nähe des Bodens schweben. Wenn sich feuchte Luft abkühlt, hängen sich die winzigen Wassertröpfchen an die winzigen, nur unter dem Mikroskop erkennbaren Staubteilchen der Luft. So entsteht Nebel.

(Aus: Carla Knoll, Versuch’s doch mal! Wetter. Klett Verlag. Stuttgart 1998)

Was zieh ich an? – Helle Farben sind gut zu sehen

Die Kinder bilden Gruppen und erhalten Stoffreste (ersatzweise Tonpapierstreifen) in vielen verschiedenen Farben. Sie legen diese Streifen auf dunkelgraues oder schwarzes Tonpapier und decken anschließend weißes Seidenpapier darüber. Jetzt entscheiden sie, welche Farben man gut sehen kann. Die Gruppenergebnisse werden an der Tafel festgehalten und bei abgedunkeltem Klassenzimmer (oder ideal: bei „echtem“ Nebel) überprüft.
Dazu passt gut das Lied „Was zieh ich an?“ von Rolf Zuckowski (Schulweghitparade, MC, Musikverlag Hans Sikorski, Hamburg 1992)

Nebel, Nebel

Text: Rolf Krenzer
Musik: Detlev Jöcker

2. Nebel, Nebel!
   Sag, wo bist du?
   Ich suche dich im Nebel
   doch immerzu.

   Nebel, Nebel!
   Sag, bist du da?
   II: Ich spüre dich im Nebel.
   Da bist du ja! :II

2. Nebel, Nebel!
   liegt auf dem Land.
   Doch wir gehn durch den Nebel
   jetzt Hand in Hand.

   Nebel wird mal
   verschwunden sein.
   II: Wie schön ist nach dem Nebel
   der Sonnenschein! :II

Nebelspiele zum Richtungshören

Die Kinder sitzen auf ihren Plätzen und halten die Augen geschlossen. Die Lehrerin (oder ein Kind) schleicht an eine bestimmte Stelle im Klassenzimmer und macht ein Geräusch (Pfeife, Triangel, stampfen, klatschen). Die Kinder zeigen mit der Hand in die Richtung, aus der das Geräusch kommt.

Nebeltanz

Zu einer ruhigen, entspannenden Musik (Entspannungs-CD) bewegen sich die Kinder leise mit weißen Tüchern, die sie auf und ab schweben lassen.

3. Pflanzen im Herbst

3.1 SONNENBLUMEN VERABSCHIEDEN DEN SOMMER

Rätsel im September

Rund wie die Sonne
ist ihr Gesicht.
Aber bewegen
kann sie sich nicht.

Goldene Strahlen
stehen im Kreis.
Aber im Sommer
ist sie nicht heiß.

Hell wie die Sonne
ist ihr Gesicht.
Aber sie blendet
mein Auge nicht.

Schön wie die Sonne
leuchtet sie weit
bei uns am Hause
zur Sommerzeit.

Barbara Cratzius

(Aus: Barbara Cratzius, Ein ganzes Jahr und noch viel mehr. Herder Verlag. Freiburg 1998)

Bildbetrachtung: Sonnenblumen von Vincent van Gogh

Zum Einstieg wird ein großer Sonnenblumenstrauß in einer Vase vor die Klasse gestellt oder die Kinder werden in einer Fantasiereise zu einem Sonnenblumenfeld geführt.

Text für die Fantasiereise:
„Setze dich ganz bequem hin. Du bist ganz ruhig. Nichts stört dich mehr.
Es ist ein schöner warmer Herbsttag. Du gehst spazieren. Die Sonne scheint dir noch warm ins Gesicht. In der Ferne taucht ein gelbes Feld vor dir auf. Das leuchtet so schön, dass du es dir näher ansehen willst. Du gehst schnell darauf zu und kommst zu einem leuchtend gelben Feld mit vielen, vielen Sonnenblumen. Du setzt dich an den Feldrand und schaust dir die Sonnenblumen

genau an. Sie sind verschieden groß und haben dicke und dünne Stängel. Die grünen Blätter sehen fast aus wie große Herzen. Die großen Blüten sehen aus wie gelbe Teller. Jede Blüte hat viele kleine längliche Blütenblätter. Mal leuchten sie in einem dunkleren, mal in einem helleren Gelb. In der Mitte sind viele kleine dunkle Pünktchen, daraus werden die Kerne.
Da kommt ein Kind auf dich zu und schenkt dir einen großen Strauß Sonnenblumen. Glücklich bedankst du dich und trägst den Strauß stolz nach Hause. Dort stellst du deine Blumen in eine große Vase und schaust deinen Strauß lange zufrieden an. Schön ist er!“

An dieser Stelle wird das Bild gezeigt, vielleicht zu ruhiger, leiser Musik. Die Kinder haben lange Zeit, das Bild auf sich wirken zu lassen und in sich aufzunehmen. Anschließend können sie ihre Gedanken äußern.
Nun kann die Lehrerin Informationen zum Maler geben:
Van Gogh ist heute einer der berühmtesten Maler, war aber zu seinen Lebzeiten nicht sehr bekannt. Er lebte von 1853 bis 1890. Obwohl er nur 37 Jahre alt wurde, hat er sehr viele Bilder gemalt. Er bezeichnete sich selbst als „Malmaschine“.
Er war recht arm und gab das wenige Geld, das er hatte, lieber für Farben und Pinsel aus. In den letzten Jahren seines Lebens war er sehr krank, doch die Bilder, die er in dieser Zeit gemalt hat, zählen für viele zu seinen besten. Seine Bilder zeigen Farbkontraste und die „Stricheltechnik“. Er trug seine Farben dick auf die Leinwand auf. So konnte er Abdrücke und Strukturen erzeugen.

Möglichkeiten der Gestaltung

- Die Kinder mischen (evtl. in der Gruppe) möglichst viele verschiedene Gelb- und Grüntöne aus den Farben Gelb – Orange – Hellgrün – Weiß.
- Sonnenblumenfeld von oben
  Jedes Kind malt eine große Sonnenblumenblüte. Anschließend werden alle Blüten auf grünes Tonpapier geklebt.
- Die Kinder malen jeweils eine Sonnenblume und schneiden sie aus. Jede Gruppe erhält einen Bogen weißes Tonpapier und gestaltet mit den ausgeschnittenen Sonnenblumen und gemalten Stängeln einen Sonnenblumenstrauß.
- Die Kinder malen einen Sonnenblumenstrauß in einer Vase und achten darauf, die Blüten in verschiedenen Gelbtönen zu malen.
  Den Hintergrund können die Kinder mit Korken stempeln. Das ist zwar etwas langwierig, wirkt aber sehr schön.
- Collage: Für die Blütenblätter werden aus gelbem Buntpapier fingerlange Streifen geschnitten. Als Untergrund kann ein runder Bierdeckel dienen, sein Mittelpunkt wird mit einem Punkt angezeichnet. Die Streifen werden

nun als Blütenblätter von der Mitte aus nach außen geklebt. Anschließend wird in die Blütenmitte ein Kreis – ebenfalls aus Tonpapier – geklebt. Die Stängel und Blätter werden mit Wasserfarben gemalt.

- Die Kinder malen mit kräftigen Gelbtönen die Sonnenblumenblüten, die Stängel und Blätter in einem dunklen Grün, den Himmel als Hintergrund in einem tiefen Dunkelblau. Einige Stellen können auf dem Zeichenblatt weiß gelassen werden, als Wolken. Um das Bild kann mit brauner Farbe ein Rahmen gemalt werden. Damit die Farben kräftig leuchten, malen die Kinder nur mit wenig Wasser. Die Kinder können die Sonnenblumen mit geeigneten Farben auch auf die Fenster malen, allerdings ohne dunkelblauen Himmel und braunen Rahmen, die das Zimmer zu sehr verdunkeln würden.
- Gruppenarbeit: Die Kinder malen großformatig mit Fingerfarben auf Tonpapierbögen. Nebeneinander aufgehängt ergeben diese Bilder ein großes leuchtendes Sonnenblumenbeet.

(Vincent van Gogh: Sonnenblumen; Artothek, Weilheim.)

3.2 WARUM WERDEN IM HERBST DIE BLÄTTER BUNT?

Warum bleiben die Blätter nicht immer grün?

Jedes Blatt enthält mehrere Farbstoffe. Im Frühling und im Sommer sind die Blätter grün, weil sie mit Chlorophyll, dem Blattgrün angefüllt sind. Das Blattgrün verdrängt die anderen Farben. Das Chlorophyll bildet sich nur, wenn die Pflanzen genug Sonnenlicht erhalten. Die Blätter nehmen den Sonnenschein auf und das Chlorophyll wandelt ihn in Nahrung für den Baum um. Im Herbst werden die Tage kürzer, die Sonne scheint nicht mehr so lange und es wird kälter. Wie manche Tiere legen auch die Bäume eine Ruhepause ein. Während dieser Ruhepause brauchen sie keine Nahrung. Vorher holt sich der Baum aber noch die wichtigsten Nährstoffe aus den Blättern heraus. Ein solcher Nährstoff ist das grüne Chlorophyll. Dadurch werden gelbe, rote und braune Farbstoffe sichtbar, die durch den grünen Farbstoff bisher verdeckt waren. Diese machen die Blätter bunt.

Warum fallen die Blätter ab, die Nadeln aber nicht?

Der Baum wirft seine Blätter ab, weil die Blätter viel Wasser brauchen. Da aber im Winter der gefrorene Boden kein Wasser durchlässt, können die Wurzeln die Blätter nicht mit Wasser versorgen. Deshalb bildet der Baum zwischen Rinde und Blattstiel allmählich eine feste Korkschicht als Schutz für den Winter. Diese lässt kein Wasser mehr in die Blätter, sodass sie abfallen.
Im Gegensatz zu den Blättern verdunstet bei Nadeln kein Wasser. Denn sie sind glatt und hart und mit einer Wachsschicht überzogen, die kein Wasser durchlässt. Deshalb werfen Nadelbäume ihre Nadeln nicht ab. Sie werden auch im Winter mit Wasser versorgt.

Schreibwerkstatt

Zeilenumbruch: Bunte Welt

Die Kinder schreiben je nach Leistungsvermögen einen oder mehrere Sätze über die bunte Natur im Herbst. Diese werden anschließend durch Umbrechen der Zeilen als Gedicht gestaltet, z. B.:
Ich sitze am Fenster und schaue hinaus. Die Bäume leuchten in vielen bunten Farben. Wie schön das aussieht.

Herbstgedicht

Ich sitze
am Fenster
und
schaue hinaus.
Die Bäume,
sie leuchten
bunt,
rot,
gelb,
orange,
braun.
Wie schön!

Anfangs bauen die Kinder die Sätze meist wörtlich zu einem Gedicht um. Sobald sie jedoch mit dieser Form des Schreibens vertraut sind, stellen sie auch die Sätze um, lassen manche Teile weg, wiederholen oder ergänzen einzelne Wörter.

Spielideen für den offenen Unterricht

Klick-Klick

Die Lehrerin vergrößert Bilder von Früchten und Blättern und klebt sie auf DIN-A4-Blätter. Zum Abdecken bereitet sie sechs bis acht Puzzleteile vor (Tonpapier mit Folie überzogen). Der Spielleiter deckt ein Bild mit den Puzzleteilen ab, während sich die Mitspieler umdrehen oder sich die Augen zuhalten.
Ist er fertig mit dem Abdecken, kann das Spiel beginnen:
Der Spielleiter deckt ein Teil auf. Errät ein Mitspieler sofort, was auf dem Bild zu sehen ist, dann erhält er die gesamte Punktezahl.
Gesamtpunktzahl bei 8 Teilen: 8
Gesamtpunktzahl bei 6 Teilen: 6
Erkennt noch niemand das Bild, so deckt der Spielleiter noch einmal ein Teil auf.
Erkennt ein Spieler das Bild, erhält er sieben (fünf) Punkte.
Errät niemand das Bild, deckt der Spielleiter wieder ein Teil auf und so weiter, bis das Bild erraten wird oder das letzte Teil auf dem Bild liegt. Wird es hier erst erkannt, dann erhält dieser Spieler noch einen Punkt.
Der Spielleiter wird nach jedem Durchgang gewechselt.

Blätterspiele

Im Pausenhof, im Schulgelände, in einem nahen Park oder auch im Wald führen die Kinder ausgewählte Aufträge aus, z. B.:

- Jede Gruppe sammelt möglichst viele verschiedene Blätter.
- Die Kinder erhalten ein Blatt (möglichst in einer auffälligen Form, z. B. Kastanie, Ahorn, Eiche, Buche) und suchen den dazugehörigen Baum.
- Aus einem Blätterhaufen werden Blätter eines bestimmten Baumes herausgesucht und gesammelt.

Malen und Basteln

Herbstblatt-Bilder

Die Kinder zerknüllen einen Bogen Seidenpapier (DIN A4) in Herbstfarben (grün, orange, braun) und streichen ihn wieder glatt. Dann gestalten sie auf dem Papier eine Blume, ein Tier oder auch Bäume aus gepressten Blättern. Sie können auch nur einige besonders schöne Herbstblätter aufkleben. (Siehe S. 93)
Das fertige Bild wird auf einen farblich passenden Tonpapierbogen geklebt, der etwas größer sein muss als das Bild.
Auch dieser „Rahmen" kann noch mit schönen Blättern beklebt werden.

Variante:
Die Kinder gestalten aus den Blättern Blumen auf runden Bierdeckeln. Sie fügen zunächst gleiche Blätter zu einer Blüte zusammen und gestalten den Mittelpunkt ebenfalls aus getrockneten Blättern in einer anderen Farbe.
Mit Blättern lassen sich auch viele Tiere gestalten. Als Körper für die Schmetterlinge eignet sich z. B. Ahornsamen, die Flügel werden aus gefächerten Blättern gestaltet. Blattstängel sind die Fühler.

Wir tupfen Herbstbäume

Auf hellgrauem Tonpapier (DIN A4) malen die Kinder mit dickem Pinsel einen Baum. Damit die Zweige nicht auf dem Stamm „aufgepfropft" wirken, zeichnen die Kinder jeden Pinselstrich vom Stamm aus hoch. Die Maltechnik von Claude Monet (die Kinder bezeichnen sie als „Tüpfeln") eignet sich gut für die Blätter. Mit dem kleinen Finger tupfen die Kinder Blätter in den Herbstfarben an den Baum und auf den Boden.

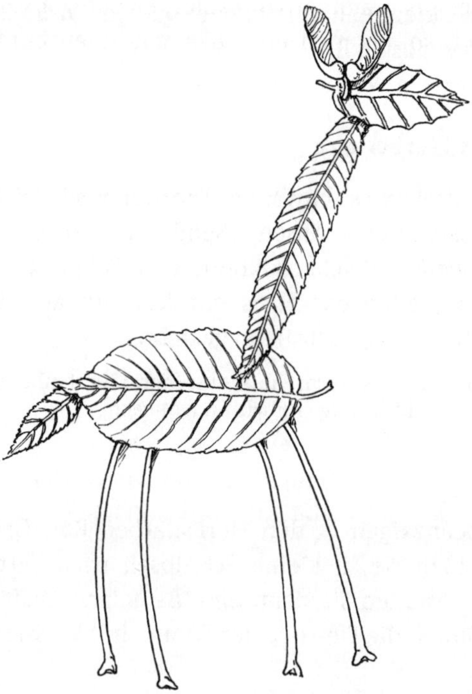

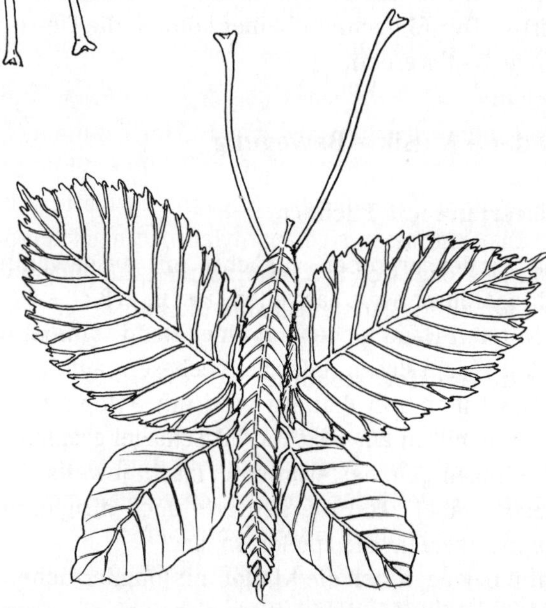

Baumlandschaft

Die Kinder schneiden einen Stamm aus braunem Tonpapier, kleben gepresste Blätter als Krone auf und gestalten so aus mehreren Bäumen einen bunten Herstwald.

Eine Schnecke kriecht über das Herbstlaub

Die Kinder bekleben das untere Drittel eines schwarzen Tonpapieres (DIN-A4-Querformat) mit gepressten Herbstblättern. Anschließend zeichnen sie auf grauem Tonpapier (DIN A5) mit weißer Wachsmalkreide eine Schnecke mit ihrem spiralförmigen Haus und gestalten das Haus mit Mustern aus. Die Schnecke wird ausgeschnitten und auf das Herbstlaub geklebt.

(Bastelanleitung „Eine Schnecke kriecht über das Herbstlaub“ aus: Ingrid Klettenheimer, Themenbuch für die Grundschulpraxis © ALS-Verlag GmbH, Dietzenbach)

Reißarbeit: Bäume im Herbst

Die Kinder suchen farbige Werbeanzeigen in den Herbstfarben Rot, Grün, Braun, Orange und Gelb und reißen sie in kleine Schnipsel, nach Farben geordnet. Aus diesen Schnipseln gestalten sie dann eine Baumlandschaft im Herbst. Der Einfachheit halber können die Umrisse der Bäume mit Wasserfarben gemalt werden.

Lieder – Musik – Bewegung

Blättertanz mit Tüchern

Die Kinder erproben zunächst mit ausgewählten Instrumenten, wie sich Windgeräusche gut darstellen lassen, z. B.:
- Mit den Handflächen auf einer Handtrommel reiben.
- Mit einem Besen (oder Schneebesen) auf einem Becken streichen.
- Das Fallen von Blättern wird mit Xylophonen dargestellt, indem einzelne Töne mit einem weichen Filzschlägel gespielt werden.

Bei einigen „Orchesterproben“ macht jeweils eine Gruppe Wind- und Blättermusik. Dabei kann die Lehrerin auch dirigieren und auf die Instrumentengruppen zeigen, die spielen sollen.
Dann bewegen sich die Kinder mit Jongliertüchern in Herbstfarben zur Musik. Bei langsamer Musik bewegen sich auch die Tänzer mit den Tüchern langsam. Bei rascher Musik bewegen sie sich ebenfalls schneller.

Möglicher Verlauf:

- Langsamer Beginn
- Tempo und Lautstärke allmählich steigern
- wilder Wind → wilder Blättertanz
- Allmählich legt sich der Wind, nur vereinzelt tanzen noch Blätter.
- Es ist windstill, kein Blatt bewegt sich mehr.

Die Kinder können durch verschiedene Bewegungen dem Tanz noch mehr Dynamik geben:

- Arme nach oben und unten
- In die Hocke gehen
- Auf den Boden legen und nur die Tücher bewegen
- Bei besonders schneller Musik laufen die Kinder im Raum umher.

Auf eine starre Choreographie sollte verzichtet werden, damit die Kinder sich auf die Musik einstellen und eigene Bewegungen erfinden.

Musik hören: „Die vier Jahreszeiten" von Vivaldi

- Die Kinder hören die Herbstmusik aus Vivaldis „Vier Jahreszeiten". Sie können sich dabei vorstellen, was sie im Herbst alles tun und anschließend ein Bild von ihren Tätigkeiten malen.
- Stilleübung: Die Kinder hören zunächst einen Teil der Musik und gestalten dann zur Musik – ohne zu sprechen – ein Bodenbild aus bunten Blättern und Herbstfrüchten. Dazu legen sie nacheinander von der Mitte aus je einen Gegenstand symmetrisch in Kreisform auf den Boden. Beim Erntedankfest formuliert jedes Kind beim Legen einen Dank, entweder laut oder leise für sich.

Blätter fallen

Meins hat große, ovale Finger …
meins sieht aus wie'n gezackter Tropfen
meins hat drei ganz spitze Zacken …
(Selbst weiterdichten …)

Die Kinder nennen als Antwort den Namen des Baumes und der Frucht.

(Aus: Thomas Blendinger, Kennst du den Herrn Celsius? Neue Lieder für den Sachunterricht im 1. und 2. Schuljahr (mit Kassette). Prögel Kopiervorlagen 44. Oldenbourg Schulbuchverlag. München1996)

3.3 FRÜCHTE IM HERBST

Materialien und Spielideen für den offenen Unterricht

Ausstellungstisch mit Herbstfrüchten

Auf einem Tisch werden gesammelte Herbstblätter ausgestellt, die passenden Früchte und Namenskärtchen dazugelegt.

Blatt- und Fruchträtsel

- Mit Naturmaterialien:
  Die Kinder ordnen gesammelte Früchte (Kastanien, Bucheckern, Ahornsamen, Eicheln), Beeren (Schlehen, Hagebutten) und Haselnüsse den passenden gepressten Blättern oder kleinen Zweigen mit Blättern zu.
- Etwas aufwändiger ist es, wenn die Lehrerin an einem Zweig mit Blättern falsche Früchte befestigt.
- Memory- oder Dominospiele mit kopierten Bildern von Früchten und Beeren
- In der Gruppe stellen sich die Kinder Rätsel über Früchte, Beeren, Blätter. Leistungsstärkere Kinder schreiben diese Rätsel auf.

- Text und Bild zuordnen

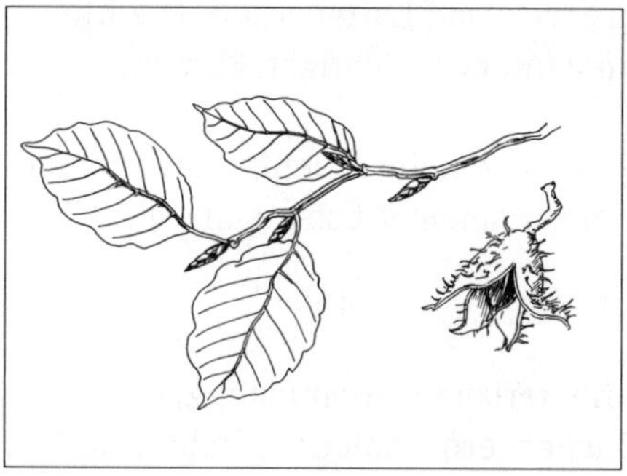

Die Blätter färben sich im Herbst gelb, orange oder braun. Die dreikantigen Samen sind in harten, stachligen Fruchtkapseln.
Die Innenseite der Samenkapsel fühlt sich samtweich an.

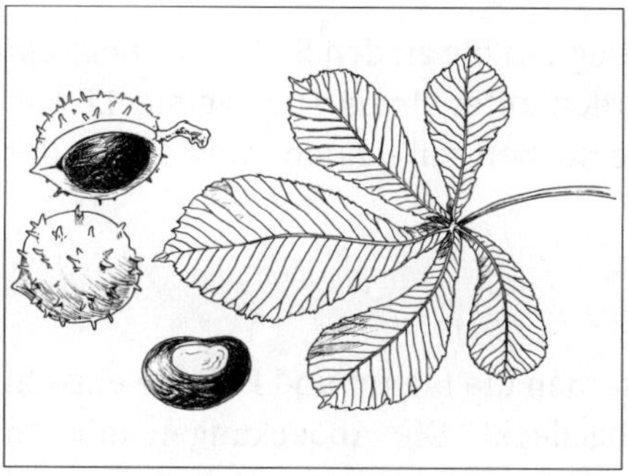

Das Blatt sieht aus wie eine Hand mit fünf oder mehr Fingern. In den grünen stacheligen Schalen stecken die schönen glatten Früchte, die von den Wildtieren gerne gefressen werden.

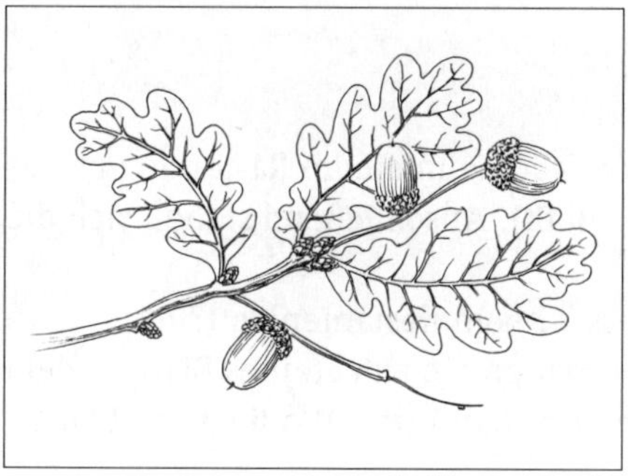

Dieser Baum kann sehr alt werden. Das Blatt hat viele Rundungen. Die Früchte dienen vielen Tieren als Nahrung. Die Kinder basteln gerne mit den Früchten und ihren Hütchen.

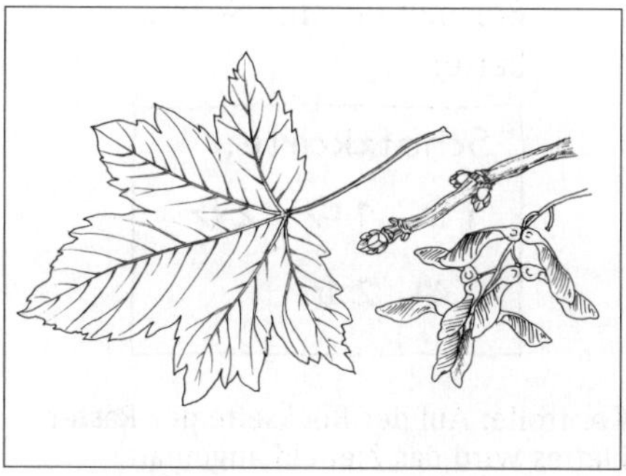

Die Samen dieses Baumes nennen die Kinder oft „Hubschrauber" oder „Nasenzwicker". Die Blätter färben sich im Herbst gelb, braun oder auch rot.

- Ohne Punkt und Komma
  Die Lehrerin schreibt Rätsel „in einem Stück“ auf Karteikarten. Die Kinder „übersetzen“ den Text und ordnen ihn dann dem richtigen Bild zu.
  Beispiel:
  – Meinblattsiehtauswiediefünffingereinerhandmeinereifenfrüchtesammeln diekindergerneundbastelndamitfürdietieresindmeinefrüchtenahrung.

Fühlkiste

Auf einem Unterrichtsgang werden Naturmaterialien gesammelt, z. B.: Kastanien, Ahornsamen, Blätter, Moos, Bucheckern, Schlehen, Fichtenzapfen, Eicheln, Hagebutten, Zweige
Die Gegenstände werden in eine Kiste gelegt, in die an den Seiten Löcher zum Greifen geschnitten werden, oder sie werden unter einem Tuch versteckt. Die Kinder greifen vorsichtig hinein und versuchen zu erraten, was sie in der Hand halten.

Frucht-Blatt-Memory

Beim Memory mit konkretem Material werden die Blätter und Früchte einzeln mit je einem Papier- oder Stoffstück abgedeckt. Die Abdeckungen müssen natürlich alle gleich aussehen.

Orientierungsrätsel

Die Kinder ordnen gefundene Blätter oder Früchte in einem Raster an (großes Blatt in 3 x 3, 4 x 4 oder 5 x 5 Felder aufgeteilt). Anschließend stellen sich die Kinder gegenseitig Fragen, z. B.:
– Was ist über/unter/neben/links/rechts ... vom Kastanienblatt?
– Anspruchsvollere Version: Die Kinder erhalten ein aufgeteiltes Blatt, in dem der Startpunkt eingezeichnet ist und eine Schatzkarte. Wo liegt das Blatt?

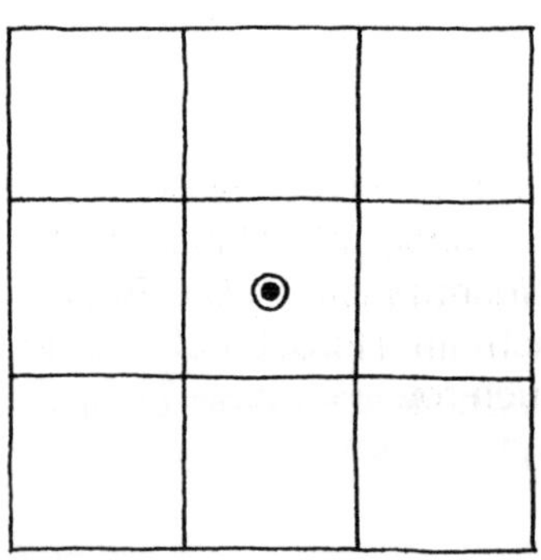

Beispiel für eine Schatzkarte:

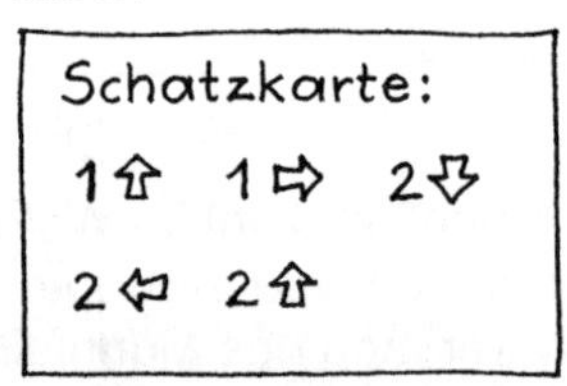

Kontrolle: Auf der Rückseite des Rasterblattes wird das Zielfeld angemalt.

Bastelideen

Herbstwesen

Aus gefundenen Früchten lassen sich fantasievolle Fabelwesen herstellen, die zugleich zum Formulieren anregen.

Als Körper der Figuren eignen sich Zapfen und Rinden. Ahornsamen, Bucheckern und Hagebutten können Arme, Beine und Körper sein. Knetmasse dient als Standhilfe. Die Augen können ebenfalls aus Knetmasse sein, oder es werden kleine Beeren mit Kleber befestigt. – Aus Moos, Wurzeln und Zweigen lässt sich eine ganze Fabellandschaft gestalten.

Kastanienschnecken

Aus heller Knetmasse formen die Kinder den Schneckenkörper, den Kopf und die Fühler. Die Augen können aus kleinen Knetekugeln gerollt werden. Man kann sie aber auch einfach wie den Mund mit Filzstift aufzeichnen. Als Haus wird eine Kastanie auf den Körper gedrückt und zur besseren Haltbarkeit das Körperende etwas hoch gebogen.

Lied

Ein Männlein steht im Walde

Text: Hoffmann von Fallersleben
Melodie: überliefert

2. Das Männlein steht im Walde auf einem Bein
und hat auf seinem Haupte schwarz Käpplein klein.
Sagt, wer mag das Männlein sein, das da steht im Wald allein
mit dem kleinen schwarzen Käppelein?

Kennt ihr das Männlein aus dem Lied?

3.4 PILZE

Was ist ein Pilz?

Pilze sind Pflanzen, bei denen nur der Fruchtkörper über der Erde zu sehen ist. Die eigentliche Pilzpflanze, das Myzel, wächst unter der Erde als feines weißliches Fadengeflecht, das immer wieder neue Fruchtkörper entstehen lassen kann. Pilze vermehren sich nicht durch Samen, sondern durch Sporen. Ein Pilz bringt sehr viele Sporen hervor. Das ist notwendig, weil Sporen nur dann keimen, wenn sie geeignete Lebensbedingungen (Nährstoffe, Feuchtigkeit, Temperatur des Bodens) vorfinden. Viele Pilze ernähren sich nur von abgestorbenen Pflanzenresten (z. B. Laub, totes Holz, ...). Eine andere Gruppe von Pilzen gründet mit Bäumen eine Lebensgemeinschaft. Pilze und Baum tauschen gegenseitig Nährstoffe aus. Es gibt auch Pilze, die sich von lebenden Pflanzen ernähren. Diese Pilze können dann dem Wald schaden. Die Fruchtkörper der Pilze entstehen dadurch, dass an bestimmten Stellen des Myzels sich die Fäden zusammenwinden. Sie füllen sich mit Wasser und schlingen sich zu festen Knoten, die immer mehr anschwellen und schließlich die Erdoberfläche durchbrechen. Im Fruchtkörper bilden sich viele neue Sporen. Diese tragen viele Pilze unter ihrem Hut. Der Ort, wo die Sporen heranwachsen, wird Fruchtschicht genannt. Wenn die Sporen ausgereift sind, fallen sie aus der Fruchtschicht heraus und werden vom Wind an einen anderen Ort geweht. So können dann wieder neue Pilze wachsen.
(Aus: Die Pilz-Uhr/Eva Raupp Schliemann © Verlag Heinrich Ellermann, Hamburg)

Materialien und Spielideen für den offenen Unterricht

Siehst du wohl, da liegt der Parasol!

Einprägen von Pilznamen
Material: Bildkärtchen (siehe Kopiervorlage), 6 farbige Quadrate in der gleichen Größe der Bildkärtchen, ein Farbenwürfel
Spieler: ein bis zwei

Die Pilzkarten werden mit der Bildseite nach oben auf dem Tisch ausgebreitet. Dann werden sechs Bilder ausgewählt und noch einmal genau betrachtet. Anschließend legt man die sechs Farbkärtchen auf die sechs Bilder, sodass das Bild jeweils völlig verdeckt wird. Der gewürfelte Farbpunkt zeigt an, unter welcher Farbkarte die zu benennende Pilzsorte liegt. Das Kind benennt den Pilz, deckt danach die Karte auf und kontrolliert. Bei richtiger Lösung behält es das Pilzkärtchen, legt die Farbkarte auf ein neues Pilzkärtchen und merkt sich den neuen Pilz. Wenn der Pilz nicht richtig benannt wurde, bleibt die Farbkarte auf der Pilzkarte liegen.

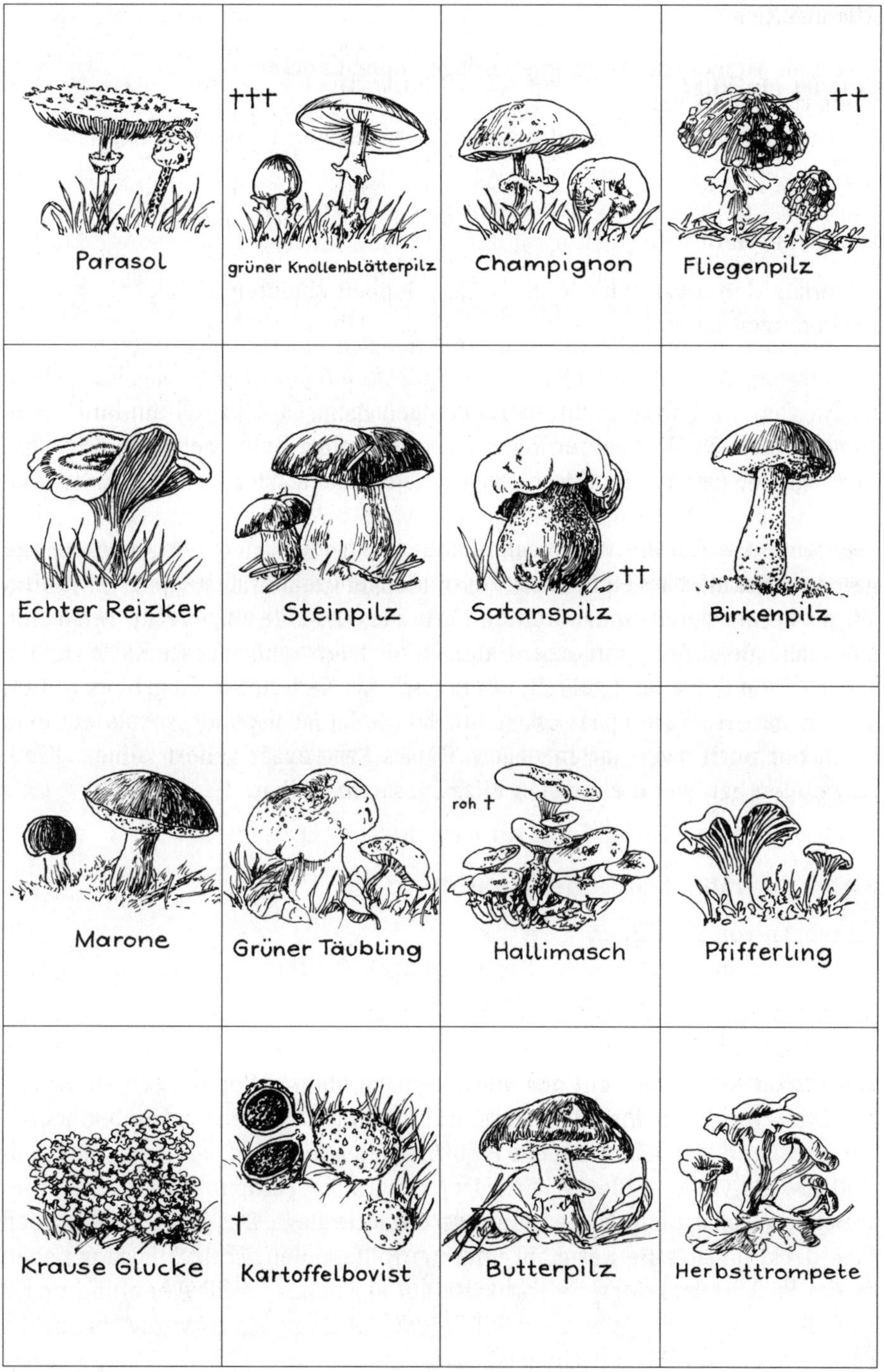
Parasol
†††
grüner Knollenblätterpilz
Champignon
††
Fliegenpilz
Echter Reizker
Steinpilz
††
Satanspilz
Birkenpilz
Marone
Grüner Täubling
roh †
Hallimasch
Pfifferling
Krause Glucke
†
Kartoffelbovist
Butterpilz
Herbsttrompete

Pilzmemory

Material: Memorykarten (Kopiervorlage doppelt kopieren)
Spieler: zwei bis vier
Steigerung des Schwierigkeitsgrades: Zuordnen von Bildkarten und Wortkarten.

Pilzklatschen

Material: Memorykarten (Kopiervorlage doppelt kopieren)
Spieler: zwei bis vier

Die Pilzkarten werden gemischt und verdeckt auf dem Tisch ausgelegt. Wichtig ist, dass die Karten nicht übereinander liegen. Es wird reihum im Uhrzeigersinn gespielt. Wer an der Reihe ist, dreht schnell eine beliebige Karte um und legt sie offen auf den Tisch, sodass sie für alle Kinder gleichzeitig sichtbar ist.
Während die Karten nun nacheinander aufgedeckt werden, warten alle gespannt darauf, dass endlich ein zusammengehörendes Kartenpaar erscheint. Wird zu einer bereits umgedrehten Karte die passende aufgedeckt, versuchen sofort alle gleichzeitig mit einer Hand auf die zuerst aufgedeckte Karte zu klatschen. Wem dies zuerst gelingt, nimmt sich das Kartenpaar. So geht es weiter, bis das nächste Kartenpaar erscheint. Das Spiel ist beendet, sobald auf dem Tisch nur noch zwei Karten liegen. Dieses Kartenpaar gehört keinem Kind. Gewonnen hat, wer die meisten Pilze „gesammelt“ hat.

Pilzpuzzle

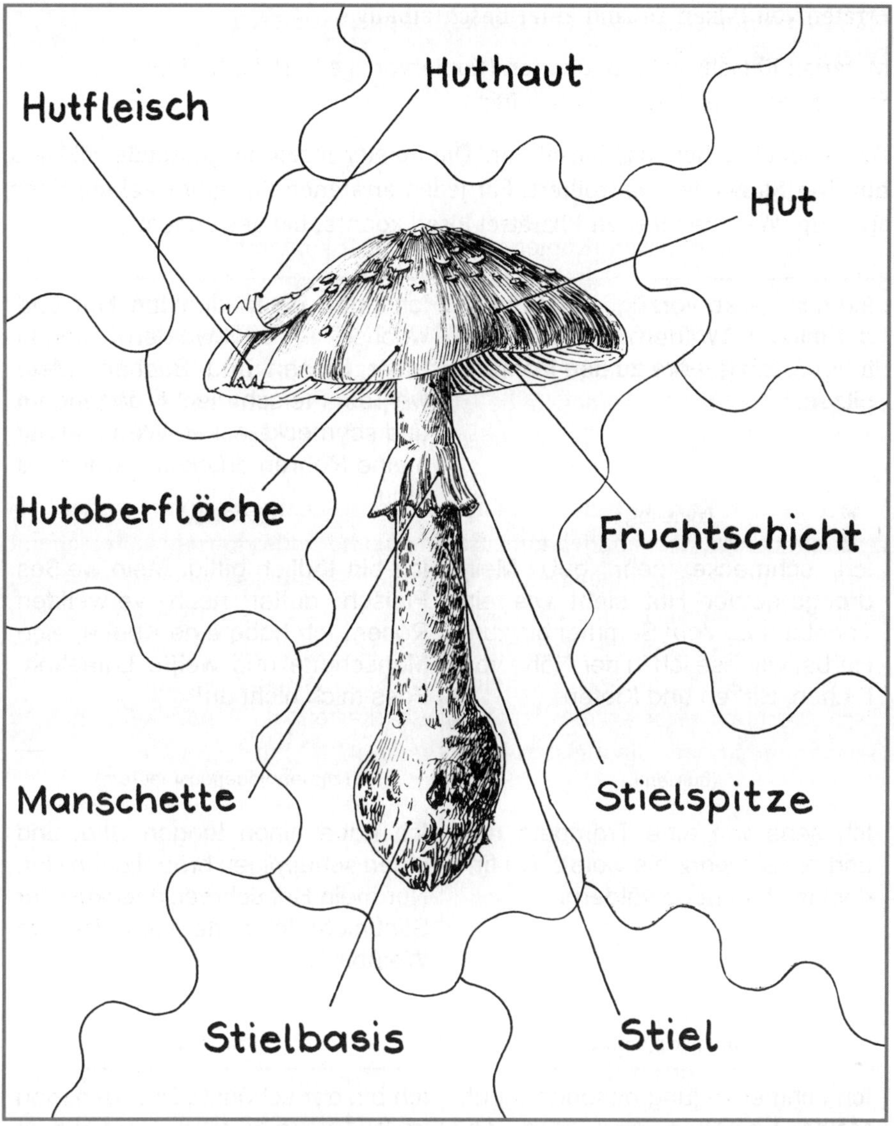
Huthaut
Hutfleisch
Hut
Hutoberfläche
Fruchtschicht
Manschette
Stielspitze
Stielbasis
Stiel

Pilzrätsel

Erraten von Pilzen anhand einer Beschreibung

Material: Rätselkarten, Bildkarten (Kopiervorlage S. 101), Knöpfe
Spieler: zwei Spieler, ein Spielleiter

Der Spielleiter liest das Rätsel vor. Die Spieler legen die passende Bildkarte hin. Der Spielleiter kontrolliert. Für jeden erratenen Pilz gibt es einen Knopf als Chip. Wer die meisten Pilzrätsel lösen konnte, hat gewonnen.

Ich schmecke vorzüglich. Man findet mich in Wäldern und auf Lichtungen. Ich gehöre zu den Röhrenpilzen. (Steinpilz)	Ich habe einen dunklen Hut und wachse in Laubwäldern, häufig unter Eichen und Buchen. Mein weißes Fleisch riecht angenehm und schmeckt lecker. Wenn du auf meine Röhren drückst, werden sie blau. (Marone)
Ich schmecke sehr gut. Mein orange-gelber Hut sieht wie ein Trichter aus. Vom Sommer bis zum Herbst wachse ich in der Nähe von Eichen, Birken und Kiefern. (Pfifferling)	Ich bin tödlich giftig. Mein weißes Fleisch duftet nach verwelkten Rosen. Ich habe eine Knolle, eine Manschette und weiße Lamellen. Fass mich nicht an! (Grüner Knollenblätterpilz)
Ich sehe wie eine Trompete aus und bin schwarz bis violett. Du findest mich in Laubwäldern. (Herbsttrompete)	Ich habe einen langen Stiel und einen schuppigen bräunlichen Hut. Nur mein Hut schmeckt lecker, der Stiel nicht. Ich dufte nach frischem Weißbrot. (Parasol)
Ich schmecke jung besonders gut. Meine Lamellen sind rosa. Du darfst mich nicht mit dem giftigen Knollenblätterpilz verwechseln. (Champignon)	Ich bin der schönste Pilz, den man im Wald finden kann. Mein Hut ist rot mit weißen Schuppen. Wenn ich älter werde, verliere ich oft meine Schuppen. Ich bin sehr giftig! (Fliegenpilz)

3.5 VORSICHT GEFAHR – GIFTPFLANZEN!

Was versteht man unter Giftpflanzen?

„Giftigkeit ist ein relativer Begriff, das wusste schon der mittelalterliche Arzt Paracelsus, von dem der bekannte Satz stammt: „Allein die Dosis macht ein Gift.“

Diese Aussage erklärt, warum die Übergänge zwischen Heilpflanzen und Giftpflanzen fließend sind und warum der Begriff „Giftpflanzen“ nicht leicht zu umreißen ist. Ob und wie stark eine bestimmte Wirkstoff-Dosis bei einem Menschen als Gift wirkt, hängt auch von seinem Alter, seiner Konstitution und seinem Gesundheitszustand ab. Außerdem muss man wissen, dass nicht jede Pflanze der gleichen Art den gleichen Wirkstoffgehalt hat. In Abhängigkeit vom Erbgut (Unterarten, Rassen), vom Standort, vom Klima und Wetter, vom Alter und von der Vegetationsperiode der Pflanze unterliegen die Wirkstoffmengen Schwankungen. Auch die verschiedenen Organe einer Pflanze (z. B. Wurzel, Stängel, Blätter, Blüten, Früchte) können verschiedene Wirkstoffe bzw. Wirkstoffmengen enthalten. Zur Gruppe der „Giftpflanzen“ gehören solche Bäume, Sträucher und krautige Pflanzen, deren Inhaltsstoffe bei Menschen und Tieren Gesundheitsstörungen hervorrufen können.“

(Aus: Ursula Maier, Giftpflanzen. Hrsg. v. Hessische Arbeitsgemeinschaft für Gesundheitserziehung. Marburg)

Einige heimische Wildpflanzen tragen gefährliche Giftstoffe in sich. Der Verzehr von Samen, Wurzeln, Beeren oder Blättern kann sehr gesundheitsgefährdend oder sogar tödlich sein. Die leuchtenden Farben mancher Giftpflanzenfrüchte (manchmal auch der Geschmack) locken gerade Kinder an, mit diesen zu spielen oder gar zu probieren. Darum ist es wichtig, dass gerade Kinder die gängigsten Giftpflanzen kennen lernen, um sich vor Vergiftungen zu schützen. Darüber hinaus sollte jedoch nicht vergessen werden, dass jede Pflanze ihren Sinn in der Natur hat. Viele Giftpflanzen richtig dosiert und verarbeitet, werden in der Naturheilkunde zum Heilen von Menschen eingesetzt.

Du glaubst es kaum, da ist der Vogelbeerbaum!

Einprägen von Giftpflanzennamen

Material: Bildkarten, sechs farbige Quadrate (zum Abdecken), ein Farbenwürfel

Spieler: zwei bis drei
(Spielanleitung siehe Pilze, S. 100)

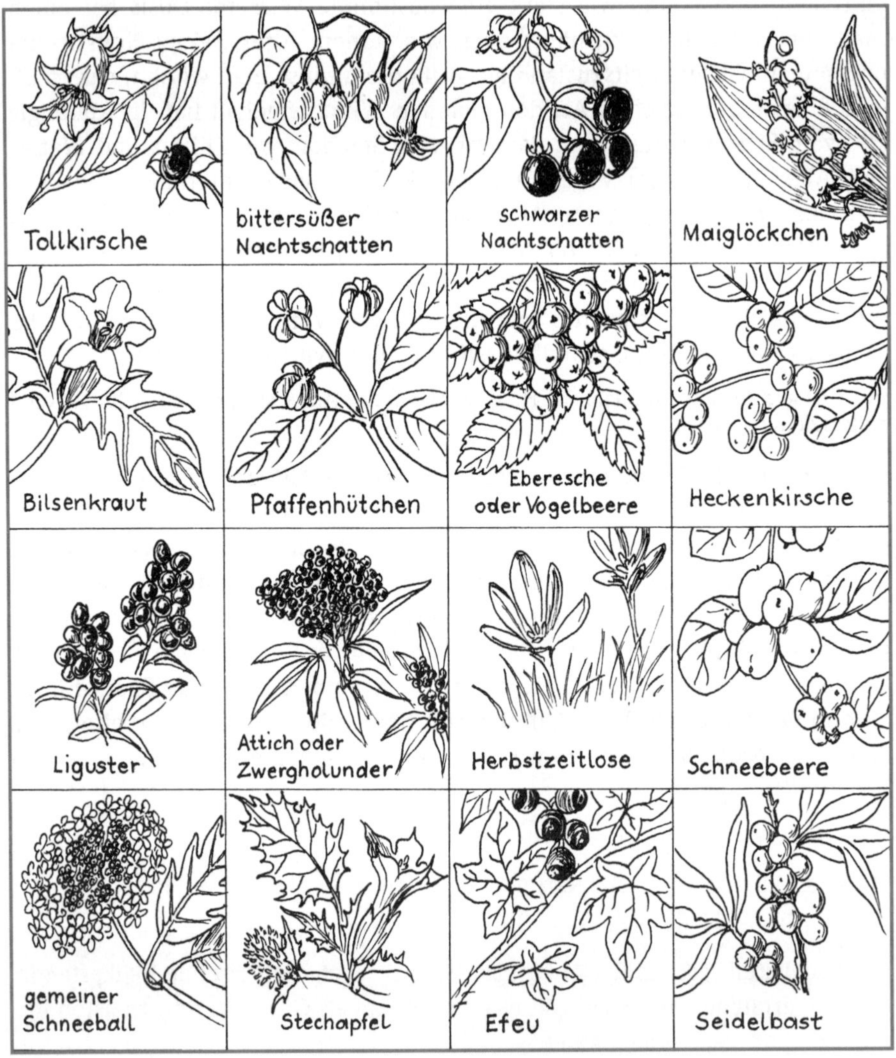

Giftpflanzenmemory

Material: Memorykarten (Kopiervorlage doppelt kopieren)
Spieler: zwei bis vier

Steigerung des Schwierigkeitsgrades: Zuordnen von Bildkarten und Wortkarten.

Giftpflanzenklatschen

Material: Memorykarten (Kopiervorlage doppelt kopieren)
Spieler: zwei bis vier

Spielanleitung siehe Pilzklatschen, S. 102.

Giftpflanzen-Klick

Erkennen von Giftpflanzen

Material: Spielrahmen, Abdeckplatte (sechs Teile), Fotos oder Bilder von Giftpflanzen
Spieler: zwei bis vier, Spielleiter

Spielanleitung siehe Klick-Klick, S. 91.

Skizze zu Giftpflanzen-Klick: Spielrahmen mit Abdeckteilen

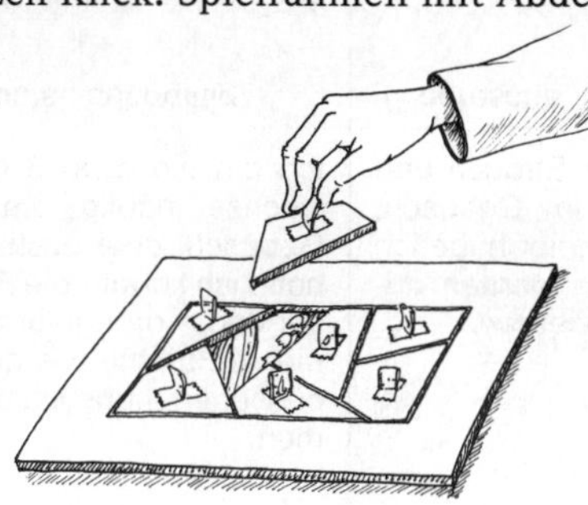

Giftpflanzenrätsel

Erraten von Giftpflanzen anhand einer Beschreibung

Material: Rätselkarten, Bildkarten (Kopiervorlage S. 106), Knöpfe
Spieler: zwei Spieler, ein Spielleiter

Der Spielleiter liest das Rätsel vor. Die Spieler legen die passende Bildkarte hin. Für jede erratene Giftplanze gibt es einen Knopf als Chip. Wer die meisten Rätsel lösen konnte, hat gewonnen.

Ich bin 10 – 50 cm hoch mit weißen Blüten-Büscheln. Ab September werden daraus glänzende schwarze Beeren. Ich wachse in Äckern, an Wegrändern und auf Schuttplätzen. Meine Früche sind den Kirschen ähnlich. Früher galt ich als Medizin gegen Beschwerden der Nacht. Daher auch mein Name. (Schwarzer Nachtschatten; stark giftig)	Ich wachse im Wald und werde bis 1,5 m hoch. Meine Blütenglocken sind braunviolett. Ab August werden daraus kirschgroße, schwarz glänzende Beeren, wie Schwarzkirschen. Ich bin eine der gefährlichsten Giftpflanzen. (Tollkirsche; sehr stark giftig)
Ich werde 1 – 2 m hoch und wachse häufig am Wegrand und im Gebüsch. Im Sommer habe ich rötlich-weiße, nach Mandeln duftende Blüten. Ab Juli werden daraus schwarze, glänzende Beeren. Ich sehe dem echten Holunder ähnlich. Ich bin allerdings durch und durch giftig, vor allem die Samen meiner Früchte sind gefährlich. (Attich oder Zwergholunder, giftig)	Ich bin eine Kletterpflanze und werde ein bis zwei Meter hoch. Du findest mich am Ufer, am Wegrand, im Gebüsch und in feuchten Wäldern. Ab Juni habe ich violette Blüten. Im Herbst werden daraus erbsengroße, scharlachrote Beeren. Früher glaubte man, dass ich ein gutes Mittel gegen Alpträume bin. Zuerst schmecke ich bitter und dann süß. Daher auch mein Name. (bittersüßer Nachtschatten; sehr stark giftig)
Ich bin ein bis zu 15 m hoher Baum und wachse häufig an Straßen und in Gärten. Von Mai bis Juli habe ich weiße Blüten. Ab dem Spätsommer werden daraus Büschel mit scharlachroten Beeren. Meine Früchte werden gern von Vögeln gefressen. Daher kommt auch mein Name. (Eberesche, Vogelbeerbaum; wenig giftig)	Ich wachse als kleiner Strauch von einem Meter Größe am Wegrand, auf Schuttplätzen und manchmal auch in Gärten. Im Sommer habe ich große, weiße Trompeten als Blüten. Ab August werden daraus grüne, stachelige Kapseln mit schwarzen Samen. Viele Kinder denken, ich sei eine Kastanie, aber meine Samen sind gefährlich. (gemeiner Stechapfel; sehr giftig)
Ich bin ein bis zu 5 m hoher Strauch und wachse am Waldrand und im Gebüsch, aber auch im Garten. Im Sommer habe ich weiße Blüten. Ab September werden daraus schwarze, erbsengroße Beeren. (Liguster; giftig)	Ich bin ein etwa 6 m hoher Strauch und wachse häufig am Waldrand und im Gebüsch, aber auch in Gärten. Ab August habe ich karminrote Früchte mit heraushängenden, orangefarbenen Samen. Weil meine Früchte wie der Hut eines Priesters aussehen, habe ich diesen Namen bekommen. (Pfaffenhütchen; stark giftig)
Ich bin ein kleiner, bis 2 m hoher Strauch und wachse am Waldrand, im Gebüsch und häufig in Gärten und Anlagen. Aus meinen gelblichen Blüten werden ab August glänzend rote Beeren. Ich sehe den roten Johannisbeeren ähnlich. (Heckenkirsche; giftig)	Ich bin ein kleiner Strauch in Gärten und Anlagen. Aus meinen rosafarbenen Blüten werden weiße, knackige Beeren, die von September bis in den Winter an meinen Zweigen hängen. Kinder spielen gerne mit den Beeren, weil sie beim Zertreten so schön knacken. (Schneebeere; giftig)

4. Erntezeit

4.1 WIR ERNTEN OBST

Texte

Ein alter Mann pflanzte kleine Apfelbäume

Ein alter Mann pflanzte kleine Apfelbäume.
Da lachten die Leute und fragten ihn:
„Warum pflanzt du diese Bäume? Viele Jahre werden vergehen, bis sie Früchte tragen, und du selbst wirst von diesen Bäumen keine Äpfel essen können."
Da antwortete der Alte: „Ich selbst werde keine ernten. Aber wenn nach vielen Jahre andere die Äpfel von diesen Bäumen essen, werden sie mir dankbar sein."

(Aus: Leo Tolstoi, Die Kinder des Zaren. Bertelsmann Jugendbuchverlag. Gütersloh 1964)

Obsternte

An allen Straßenrändern standen Obstbäume.
Im Herbst hingen sie voller Äpfel, Birnen oder Pflaumen.
Dann ging der Gemeindediener mit seiner großen Glocke durch das Dorf und rief: „Heute Nachmittag werden die Obstbäume versteigert!"
Schon vorher liefen alle Leute unter den Bäumen herum, hoben Fallobst auf und probierten es.
Sie sahen hoch, ob die Zweige recht hoch hingen. Sie merkten sich die besten Bäume.
Pünktlich erschien der Gemeindediener. Wieder schwang er seine Glocke.
Die Versteigerung fing an. Er rief Baum für Baum auf:
„Wer bietet für diesen hier? Wie viel? Wer bietet mehr?"
Wer am meisten bot, musste bezahlen. Dafür durfte man den Baum abernten. Bald waren alle Bäume versteigert.
Befriedigt zog der Gemeindediener ab und brachte den Beutel voll Geld zum Bürgermeister.
An den Bäumen lehnten nun lange Leitern. Darauf standen die Männer und pflückten. Die Kinder turnten über ihnen in den Zweigen und pflückten auch. Unten legten die Frauen das Obst behutsam in die Körbe. Es durfte keine Flecken bekommen. Schließlich sollte es den ganzen Winter hindurch halten. Fallobst und Obst mit Maden und dunklen Stellen kam gleich in Säcke. Dorthinein kamen auch die Früchte, die zuletzt mit Stangen heruntergeschlagen oder -geschüttelt wurden, weil keiner sie mehr erreichen konnte.

Kein einziger Apfel, keine Birne, nicht mal eine Pflaume blieb liegen. Körbe und Säcke wurden auf Handwagen heimgebracht. Das gute Obst wurde auf dem Dachboden sorgfältig auf Stroh gelegt. In der Küche dampften die Töpfe. Das Fallobst wurde zu Mus gekocht. Großmutter schnitt Apfelringe, fädelte sie auf und hängte sie zum Trocknen über den Ofen. Auf Blechen lagen Pflaumen zum Dörren. Im Keller bereitete Vater sein Fass vor. Aus den kleinsten Birnen und Äpfeln wollte er Most ansetzen.

Margret Rettich

(Aus: Margret Rettich, Erzähl mal, wie es früher war. Otto Maier Verlag, Ravensburg 1989)

Mögliche Schwerpunkte im Unterricht
- Bedeutung des Obstes früher – oft unachtsamer Umgang heute
- Verarbeitung des Obstes früher und heute
- Problem der Haltbarkeit (früher dörren, trocknen – heute einfrieren)

Rätsel

Im Frühling leuchtet's rosenrot,
dann gibt's den Bienen reichlich Brot;
im Sommer ist es grün und klein,
da wird es kaum beachtet sein.
Doch kommt der Herbst,
wird's reif und rund
und wiegt zu dritt ein ganzes Pfund.
Rat: rosenrot und grün und klein
und reif und rund – was mag das sein?

Volksgut

(Aus: Ute Andresen; ABC und alles auf der Welt. Otto Maier Verlag. Ravensburg)

Anregungen für den Unterricht:
- Die Kinder malen zu jeder Jahreszeit im Rätsel das passende Bild.
- Sie erfinden selbst solche Rätsel.

Das Apfeljahr

Der Apfel ist nicht gleich am Baum.
Da war erst lauter Blüte.
Da war erst lauter Blütenschaum.
Da war erst lauter Frühlingstraum
und lauter Lieb und Güte.

Dann waren Blätter, grün an grün,
und grün an grün nur Blätter.
Die Amsel nach des Tages Müh'n,
die sang ihr Abendlied gar kühn.
Und auch bei Regenwetter.

Der Herbst, der macht die Blätter steif.
Der Sommer muss sich packen.
Hei, dass ich auf dem Finger pfeif:
Da sind die ersten Äpfel reif
und haben rote Backen.

Und was bei Sonn und Himmel war,
erquickt nun Mund und Magen
und macht die Augen hell und klar.
So rundet sich das Apfeljahr.
Und mehr ist nicht zu sagen.

Hermann Claudius

(Originaltitel: Apfel-Kantate. Aus: Hermann Claudius, Jeden Morgen geht die Sonne auf. Albert Langen/Georg Müller Verlag. München 1938. © Gisela Claudius. Grönwohld)

Schreibwerkstatt

Obstelfchen

Elfchen sind kurze Gedichte nach folgendem Schema:

___

___ ___

___ ___ ___

___ ___ ___ ___

___

Eine Stoffsammlung erleichtert den Einstieg und regt an, verschiedene Gedichte zu erstellen.

1. Zeile ein Wort ÜBERSCHRIFT	2.Zeile zwei Wörter WER	3. Zeile drei Wörter WAS TUT	4.Zeile vier Wörter ICH	5. Zeile ein Wort ...ENDE
Obst	Die Äpfel	fallen ins Gras	Ich hebe sie auf.	Fein!
Ernte	Die Birnen	sind endlich reif	Ich esse sie gerne.	Lecker!
Herbst	Die Beeren	wachsen im Garten	Ich nasche immer gern.	Schmeckt!
Apfel	Die Pflaumen	hängen am Baum	Ich pflücke sie alle.	Gut!
Hunger	Die Trauben	schmecken sehr gut	Ich probiere viele davon.	Mmmh!
Wind	Die Obstbäume	sind ganz schwer	Ich backe einen Kuchen.	Köstlich!
		sind schön ... (Farbe)	Ich freue mich darüber.	
			Ich möchte alles essen.	
			Ich klettere ganz hinauf.	
			Ich sitze im Baum.	
			Ich bekomme großen Hunger.	
			Ich beiße gleich hinein.	

Aus Zeile zwei und drei ergibt sich ein Satz. Dies fällt den Kindern oft leichter, als in Zeile drei aus drei Wörtern einen eigenständigen Satz zu erstellen. Denkbar ist auch, dass die dritte Zeile so aussieht:
Sie plumpsen herunter.
Sie liegen da.
Sie sind reif.
Sie sind groß.
Sie schmecken köstlich.
Sie sind lecker.
Sie sind ... (Farbe)
Sie werden geerntet.

Obstball

Analog zum Gedicht „Gemüseball“ von Werner Halle lässt sich auch ein Gedicht „Obstball“ erstellen. Entweder gibt man den Kindern Reimwörter vor, die sie zu einem Gedicht zusammenstellen (für die leistungsstarken Kinder) oder man präsentiert ihnen ein unfertiges Gedicht, das durch passende Reimwörter zu vervollständigen ist.
Das fertige Gedicht wird mit Stabpuppen gestaltet oder die Kinder malen zu jeder Strophe ein passendes Bild. Das illustrierte Gedicht wird dann ausgestellt.

Mögliche Reimwörter:

Bauch – auch	dick – schick	lachen – machen
Melonen – belohnen	Nacht – ausgemacht heim gebracht	Nüsse – Küsse
gut – Hut	Tanz – Glanz	essen – vergessen

Trauben – rauben
schnauben
glauben

Birne – Stirne

Einzelne Stophen

Eine kleine rote Beere,
kam mit ihrem neuen **Hut.**
Und dem Herrn von blauer Traube
gefiel das ganz besonders **gut.**

Gestern Abend in der Disco
tanzten auch zwei **Pflaumen**
wild zu heißer Popmusik.
Da gab es was zu **staunen.**

Graf Melone wollte tanzen,
doch leider war er etwas **dick.**
Das dünne Fräulein Banane
fand ihn daher gar nicht **schick.**

Herr Baron von Apfel
erschien natürlich auch zum **Tanz.**
Sein neuer roter Mantel
hat 'nen ganz besondern **Glanz.**

Und die lustigen Geschwister Birne
tanzten fast die ganze **Nacht.**
Sie blieben bis zum Ende,
ein Taxi hat sie heim **gebracht.**

Gemüseball

Gestern Abend auf dem Ball
tanzte Herr von Zwiebel
mit der Frau von Petersil.
Ach, das war nicht übel.

Die Prinzessin Sellerie
tanzte fein und schicklich
mit dem Prinzen Rosenkohl.
Ach was war sie glücklich!

Der Baron von Kopfsalat
tanzte leicht und herzlich
mit der Frau von Sauerkraut;
doch die blickte schmerzlich.

Ritter Kürbis, groß und schwer,
trat oft auf die Zehen.
Doch die Gräfin Paprika
ließ ihn einfach stehen.

Werner Halle

(Aus: Bilder und Gedichte für Kinder zu Haus, im Kindergarten und für den Schulanfang. Westermann Verlag. Braunschweig 1971 © Ilse Halle. Karlsruhe)

Bildgedichte

Ab 1. Schuljahr: Die Kinder schreiben (oder stempeln) die Anfangsbuchstaben in Obstformen:

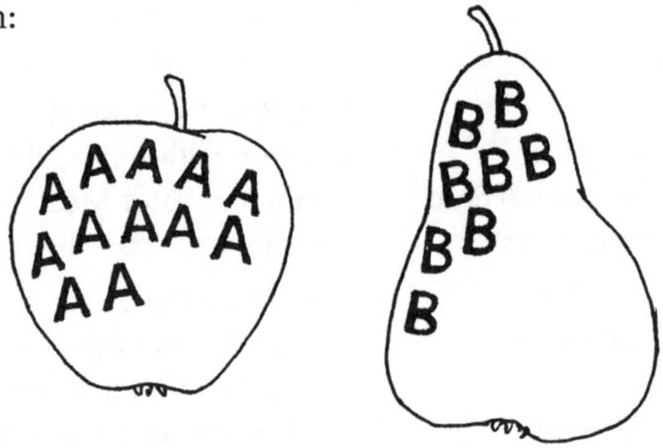

Ab 2. Schuljahr: Die Wörter werden in entsprechender Form angeordnet und in passender Farbe geschrieben:

Eine anspruchsvollere und schwierigere Arbeit für kleine Künstler:

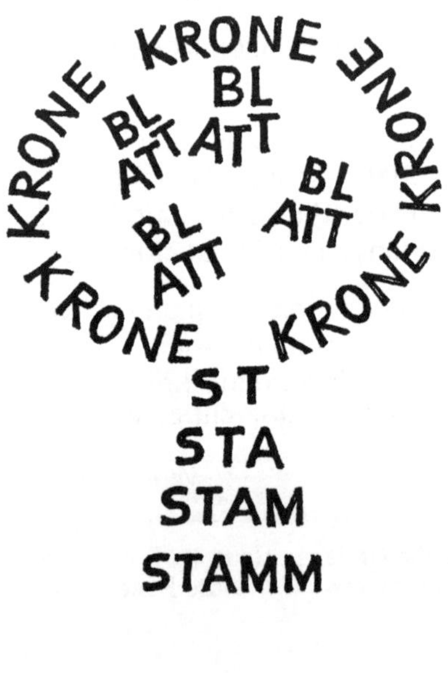

Fantasiereisen (mit leiser Musik untermalt)

Ich bin ein kleiner Apfelkern und stecke in der Erde. Ganz tief unten – ganz klein. Es ist dunkel und eng. Die Sonne und die Wärme wecken mich und ich werde größer; der Platz in der Erde ist zu eng. Eine kleine grüne Spitze schiebt sich durch die Erde, daraus wird ein Blatt. Ich werde größer und größer, die kleinen Triebe werden immer fester, ich bekomme immer mehr Blätter und wachse und wachse. Ich bin schon ein richtiges kleines Bäumchen. Die Äste schieben sich immer weiter nach oben in die Luft. Ich bin fest verwurzelt in der Erde. Auch der Wind, der alle meine Blätter bewegt, schafft es nicht, mich zu entwurzeln. Ich bin ein großer starker Baum geworden.

Kim-Spiele

Auf einem Tablett werden den Kindern verschiedene Früchte gezeigt. Die Kinder prägen sich die Früchte genau ein.

Möglichkeiten für den weiteren Spielverlauf:
- Die Kinder sollen die Früchte möglichst vollständig nennen, nachdem sie mit einem Tuch verdeckt wurden.
- Die Kinder sollen die Frucht nennen, die entfernt wurde.
- Die Kinder sollen sich erinnern, wie viele Früchte jeder Sorte auf dem Tablett lagen.
- Die Kinder sollen die Frucht nennen, die neben der ... lag.
- Die Kinder sollen herausfinden, welche Früchte vertauscht wurden.
- Die Kinder sollen die Frucht nennen, die hinzugefügt wurde.

Materialien und Spielideen für den offenen Unterricht

Vorbemerkung:
Die Obstbilder der Kopiervorlage S. 118 f. lassen sich für mehrere Spiele verwenden:
- zum Herstellen von Stöpselkarten (S. 123)
- zur Kontrolle der Obsträtsel (S. 121)
- zu den Spielen: „Na so was, da liegt die Ananas“ (S. 120)
„Wer ordnet das Obst in die Körbe?“ (S. 122)
„Wer findet die richtige Frucht?“ (S. 122)

Spiele in Verbindung mit dem Lernbereich Deutsch

Suchsel

In einem Buchstabenfeld haben sich Obstsorten versteckt. Am einfachsten ist es, wenn in jeder Zeile ein Wort zu finden ist. Schwieriger ist es, wenn die Wörter waagrecht und senkrecht versteckt sind.

Einfache Form:

T	U	R	A	P	F	E	L	A	U	P	L
V	B	I	R	N	E	B	E	T	I	K	E
S	T	O	A	N	A	N	A	S	T	I	B
B	A	N	A	N	E	O	C	K	L	I	U
F	A	P	R	I	K	O	S	E	E	L	E
G	K	I	K	I	R	S	C	H	E	O	L
R	H	L	O	P	K	I	W	I	U	N	A
M	S	P	F	L	A	U	M	E	V	O	R

Lösung:

T	U	R	A	P	F	E	L	A	U	P	L
V	B	I	R	N	E	B	E	T	I	K	E
S	T	O	A	N	A	N	A	S	T	I	B
B	A	N	A	N	E	O	C	K	L	I	U
F	A	P	R	I	K	O	S	E	E	L	E
G	K	I	K	I	R	S	C	H	E	O	L
R	H	L	O	P	K	I	W	I	U	N	A
M	S	P	F	L	A	U	M	E	V	O	R

Schwierige Form:

T	U	R	A	P	F	E	L	T	U
I	T	K	N	L	O	B	A	F	E
F	F	E	A	T	L	I	H	M	F
S	D	O	N	R	S	R	D	C	T
E	A	E	A	B	A	N	A	N	E
K	I	R	S	C	H	E	L	I	S
I	F	R	C	H	O	H	P	A	M
W	E	P	F	L	A	U	M	E	R
I	F	I	S	N	S	R	T	S	N

Lösung:

T	U	R	A	P	F	E	L	T	U
I	T	K	N	L	O	B	A	F	E
F	F	E	A	T	L	I	H	M	F
S	D	O	N	R	S	R	D	C	T
E	A	E	A	B	A	N	A	N	E
K	I	R	S	C	H	E	L	I	S
I	F	R	C	H	O	H	P	A	M
W	E	P	F	L	A	U	M	E	R
I	F	I	S	N	S	R	T	S	N

Zur Kontrolle werden entweder die Früchtenamen auf die Rückseite geschrieben oder das Suchsel wird noch einmal kopiert und die Früchtenamen werden leicht farbig schraffiert.

Wie soll das Obst sein? (Klammer- oder Stöpselkarten)

Beispiel:

	• knackig	• faul	• weich
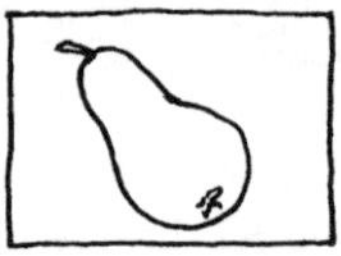	• hart	• saftig	• sauer

Die Kinder stöpseln oder klammern die passenden Wiewörter.
Kontrolle auf der Rückseite, die richtige Lösung ist markiert.
Obstbilder zum Herstellen einer Klammer- oder Stöpselkarte siehe Kopiervorlage S. 118.

Spiele zum Unterscheiden und Benennen verschiedener Früchte

Na sowas, da liegt die Ananas!

Gespielt wird mit den Obstkärtchen (Kopiervorlage, S. 118). Zusätzlich werden Farbkärtchen in sechs verschiedenen Farben in der Größe der Obstbilder benötigt, z. B. rot – blau – grün – gelb – weiß – braun, und ein Farbwürfel mit den gleichen Farben. Die Obstkärtchen werden mit der Bildseite nach oben aufgelegt.
Zu Beginn legen die Kinder nacheinander ein Farbkärtchen auf eine beliebige Frucht und sprechen dazu: „Ich lege das grüne Kärtchen auf die Kiwi.“
Sind alle Farbkärtchen aufgelegt, wird mit dem Farbwürfel gewürfelt. Würfelt ein Spieler eine Farbe, versucht er sich daran zu erinnern, welche Frucht unter diesem Farbkärtchen liegt. Er spricht: „Unter dem ... Farbkärtchen ist die ...“. Zur Kontrolle deckt er das Kärtchen auf. Hat er sich richtig erinnert, darf er das Obstkärtchen nehmen, stimmt es nicht, legt er das Farbkärtchen wieder auf die Frucht. Wenn der Spieler die Frucht richtig genannt hat, legt er das Farbkärtchen auf eine neue Frucht und spricht dazu. Das Spiel geht so lange, bis alle Kärtchen entfernt sind. Wer hatte das beste Gedächtnis?

Obsträtsel mit Früchten

- Ein Kind greift unter ein Tuch, unter dem verschiedene Früchte liegen und soll die ertastete Frucht möglichst genau mit treffenden Wiewörtern beschreiben. Ein anderes Kind versucht, die beschriebene Frucht zu erraten. Dies kann auch als Wettspiel in einer Gruppe von fünf bis sieben Kindern gespielt werden. Dann bekommen der schnellste Ratende und der erfolgreiche Rätselsteller einen Chip. Der Rätselsteller wechselt im Uhrzeigersinn.

- Tast-Memory mit echten Früchten
  Jede Frucht ist zweimal unter dem Tuch versteckt
- „Schwarzer Peter" mit Tasten:
  Unter dem Tuch werden je zwei Früchte gleicher Art versteckt. Darunter ist ein „Schwarzer Peter" (Kartoffel oder Karotte), den es durch Tasten zu finden gilt. Die Kinder sollen danach begründen, warum diese Frucht der „Schwarze Peter" ist (kein Obst, sondern Gemüsesorte).

Obsträtsel

Für das erste Schuljahr werden die Rätsel auf Kassettenrekorder gesprochen und die Kinder legen nach jedem Rätsel das Bild mit der richtigen Frucht auf (Obstbilder siehe Kopiervorlage S. 118). Kontrolliert wird entweder nach jedem Rätsel, wenn die richtige Frucht auf dem Band genannt wird oder erst am Ende aller Rätsel, wenn alle Früchte der Reihe nach genannt werden.
Ab dem zweiten Schuljahr lesen die Kinder die Rätsel selbst und erstellen selbst Rätsel für die Mitschüler.

Ich bin blau und oval, habe einen Stein in der Mitte und könnte auch in deinem Garten an einem Baum hängen. Ein Kuchen mit diesen Früchten schmeckt lecker. (Pflaume)	Ich wachse nicht in deinem Garten, denn hier in Deutschland ist es zu kalt. Ich habe eine gelbe Schale und bin länglich. (Banane)
Ich bin rund, mal bin ich rot, mal grün oder auch gelb. Viele Kinder essen mich in der Pause. In meiner Mitte sitzen fünf kleine Kerne. (Apfel)	Ich bin blau oder grün und wachse mit mehreren gleichen Beeren eng zusammen. Aus mir kann man guten Saft oder auch Wein machen. (Weintrauben)

Meine Haut ist gelb, grün oder bräunlich. Ich bin länglich, kann hart oder auch weich sein und habe Kerne in mir. (Birne)	Ich habe eine raue, braune Schale mit vielen Härchen, Wenn du mich aufschneidest, siehst du mein grünes Inneres und kannst mich auslöffeln. (Kiwi)
Ich bin eine runde Frucht, und habe eine gelb-rötliche Schale mit kleinen feinen Härchen. In meiner Mitte habe ich einen großen Stein. (Pfirsich)	Ich bin eine ganz dunkle, fast schwarze Frucht und wachse im Wald oder in Gärten an dornigen Hecken. Wenn du mich im Wald pflückst, solltest du mich aber gut waschen, denn an mir könnte ein Fuchsbandwurm sein. (Brombeere)

Wer findet die richtige Frucht?

„Echte“ Obststeine und Kerne werden untereinander auf ein Blatt geklebt. Die Kinder sollen aus passenden und unpassenden Fruchtkärtchen auswählen und das richtige Fruchtkärtchen daneben legen. Kontrolliert wird durch Umdrehen der Kärtchen. Bei richtiger Lösung ergibt sich ein fortlaufendes Muster.
Geeignet sind: Kerne von Äpfeln, Birnen, Weintrauben, Zitronen, Mandarinen, Orangen, Melonen. Steine von Pflaumen, Pfirsichen, Aprikosen, Kirschen.

Spiele zum Unterscheiden von Steinobst und Kernobst, Südfrüchten und heimischem Obst

Wer ordnet das Obst in die Körbe?

Braunes Tonpapier (DIN A5) dient als Obstkörbchen. Diese Körbchen sind mit Symbolen versehen:

für Steinobst

für Kernobst

für Südfrüchte

für Obst, das bei uns wächst!

Die Kopiervorlage S. 118 wird mehrmals kopiert, da mehrere Zuordnungen möglich sind.
Die Kinder legen nun das Obst in die richtigen „Körbchen".
Zur Kontrolle versieht die Lehrerin die Obstkärtchen auf der Rückseite mit den entsprechenden Symbolen.

Stöpselkarten

Auf ein DIN-A4-Blatt wird ein Obstkorb mit verschiedenem Obst gezeichnet (oder mit Obstkärtchen beklebt). Über dem Korb ist ein Symbol gezeichnet (siehe „Wer ordnet das Obst in die Körbe?"). Dies gibt an, welche Frucht gestöpselt werden soll (Steinobst, Kernobst, Südfrucht, heimisches Obst?). Kontrolliert wird auf der Rückseite, die richtig gestöpselte Frucht ist gekennzeichnet.

Versuche

Versuchstisch

Hier sollen die Kinder verschiedene Früchte aufschneiden und vergleichen.
Auftragskärtchen mit Anweisungen:

① Welches Obst hat eine essbare Schale? Wozu dient diese? Lege dazu einen geschälten Apfel einige Zeit aufs Fensterbrett.	④ Welches Obst hat eine Schale, die du nicht essen kannst?
② Kannst du den Unterschied zwischen Stein und Kern erklären? Wo sitzen die Kerne?	⑤ Schüttle die Döschen. Hörst du die Steine oder Kerne?
③ Schneide eine Pflaume und einen Apfel auf. Entdeckst du Gleiches? Findest du Unterschiede?	⑥ Stecke Kerne in die Erde. Mit etwas Glück wächst daraus etwas. Beobachte.

Zu Auftrag ⑤:In Filmdosen hat die Lehrerin Steine und Kerne gefüllt.

Kreuze an:

	Schale essbar	Schale nicht essbar	Stein	Kern
Banane				
Pfirsich				
Apfel				
Birne				
Kiwi				
Pflaume				
Orange				
Mandarine				

Kontrolle:

	Schale essbar	Schale nicht essbar	Stein	Kern
Banane		X		
Pfirsich	X		X	
Apfel	X			X
Birne	X			X
Kiwi		X		
Pflaume	X		X	
Orange		X		X
Mandarine		X		X

Warum werden Äpfel faul?

Problemstellung
Manchmal bekommen Äpfel braune Stellen, die größer werden; schließlich faulen die Früchte.
Wie kommt das? Die Antwort auf die Frage kannst du in einem Experiment selbst finden.

Was braucht ihr dazu?

- einen Apfel
- ein Messer
- Papier und Bleistift
- Wasser
- Speiseöl
- eine Frischhaltetüte
- Klebefolie

So wird es gemacht:

- Den Apfel in vier Viertel schneiden
- 1. Stück: Auf ein Blatt Papier legen; Beschriftung: nichts
- 2. Stück: Mit Wasser abspülen; Beschriftung: Wasser
- 3. Stück: In Öl tauchen; Beschriftung: Öl
- 4. Stück: In die Frischhaltetüte legen, Luft aus der Tüte drücken und mit Klebefolie verschließen
- Nach ca. 2 Stunden die Apfelstücke untersuchen

Ergebnis:
1. Stück: wurde braun
2. Stück: wurde braun
3. Stück: wurde nicht braun
4. Stück: wurde stellenweise braun

Erläuterungen:
Das Fruchtfleisch des Apfels wird braun, wenn es mit Luft (Sauerstoff) in Berührung kommt.
Wasser schützt den Apfel nicht vor Sauerstoff. Die Plastiktüte schafft das besser. Am besten schützt das Öl.
Die Schale des Apfels lässt den Sauerstoff nicht durch. Sie verhindert, dass das Fruchtfleisch braun wird.
Wird die Schale beschädigt, tritt an dieser Stelle Sauerstoff ein und verursacht einen braunen Fleck.

Kunstbetrachtung, Malen und Basteln

Nach **Arcimboldos „Apfel-Birnen-Kürbis-Mann"** gestalten die Kinder selber einen Kopf aus ausgeschnittenem oder selbst gemaltem Obst.

Paul Cezanne: „Stillleben mit Korb" oder „Stillleben mit Äpfeln und Krug"
Die Kinder gestalten in Gemeinschaftsarbeit ein Stillleben. Der Tisch wird aus braunem Tonpapier ausgeschnitten, die Tischdecke ist aus weißem Seidenpapier, das in Falten (leicht zerknüllt) auf den Tisch geklebt wird. Dann schneiden einige Kinder verschiedene Früchte aus oder malen sie selbst, einige zeichnen Krüge, einige Körbe. Die fertigen Teile werden alle auf dem Tisch angeordnet und anschließend aufgeklebt.
Variante: Ein Stillleben-Bild von Cezanne wird kopiert, in der Mitte auseinandergeschnitten und noch einmal für jedes Kind kopiert. Die Kinder malen das Bild dann aus und vervollständigen es nach eigenen Vorstellungen.
Dafür lassen sich auch Kalenderbilder oder Postkarten mit Obstmotiven verwenden.

(Paul Cezanne: Stillleben mit Korb; Joseph S. Martin/Artothek, Weilheim)

(Giuseppe Arcimboldo: Vertumnus; akg-images, Berlin)

Reißarbeit „Obstschale"

Aus Buntpapier in einer beliebigen Farbe reißen die Kinder Schnipsel und gestalten daraus eine Schale. Anschließend reißen sie Schnipsel in den Farben verschiedener Früchte. In Gruppenarbeit werden daraus die Früchte in die Schale geklebt.

Apfeldruck

Ein großer Apfelbaum wird auf einem Plakat als Umriss aufgezeichnet. Ein Apfel wird halbiert, eine Hälfte wird gegessen, die andere Hälfte dient als Stempel. Die Kinder bedrucken mit der eingefärbten Apfelhälfte die aufgemalten Äste und Zweige des Baumes. Sie wechseln sich dabei ab. Die Blätter des Baumes können ebenfalls mit „echten" Blättern gedruckt werden.

Obstketten als Klassenzimmerschmuck

Verschiedene Früchte werden auf Tonpapier aufgezeichnet und doppelt ausgeschnitten. Zwischen beide Hälften wird eine Schnur geklebt. Anschließend können mehrere Früchte an eine Schnur gehängt werden. Es können auch Ketten aus gleichen Obstsorten gefertigt werden: Apfelketten (vielleicht mit Wurm), Birnenketten, Pflaumenketten.

Heute wolln wir Himbeeren pflücken (mit Bewegungen)

Text: Rolf Krenzer
Musik: Detlev Jöcker

2. Heute wolln wir Brombeer'n pflücken?
Brombeer'n schmecken toll!
Musst den Rücken
etwas bücken.
Wenn wir heute Brombeer'n pflücken,
ist der Korb bald voll,
ist der Korb bald voll!

3. Heute wolln wir Blaubeer'n pflücken?
Blaubeer'n schmecken toll!
Musst den Rücken
etwas bücken.
Wenn wir heute Blaubeer'n pflücken,
ist der Korb bald voll,
ist der Korb bald voll!

4. Heute wolln wir Äpfel pflücken?
Äpfel schmecken toll!
Etwas recken,
tüchtig strecken!
Wenn wir heute Äpfel pflücken,
ist der Korb bald voll,
ist der Korb bald voll!

5. Heute wolln wir Birnen pflücken?
Birnen schmecken toll!
Etwas recken,
tüchtig strecken!
Wenn wir heute Birnen pflücken,
ist der Korb bald voll,
ist der Korb bald voll!

6. Heute wolln wir Pflaumen pflücken?
Pflaumen schmecken toll!
Etwas recken,
tüchtig strecken!
Wenn wir heute Pflaumen pflücken,
ist der Korb bald voll,
ist der Korb bald voll!

Spielvorschlag:
Wir gehen im Kreis herum und suchen nach den Himbeeren. Wenn wir sie entdecken, pflücken wir sie pantomimisch und legen sie dann in den Korb. Bei den Brombeeren müssen wir uns bereits tiefer bücken. Dann schließlich bei den Blaubeeren so tief, wie wir nur können.
Dann geht es zu den Äpfeln. Jetzt müssen wir uns recken, um an die Äpfel heranzukommen und sie abzupflücken.
Die Birnen hängen noch höher. Also müssen wir uns noch mehr recken.
Und dann die Pflaumen erst. Da müssen wir sogar auf die Zehenspitzen, um sie noch zu erreichen.

Mein Apfel

1. Strophe:	Mein Apfel, der ist rund und gesund, manchmal rot, gelb, grün, manchmal bunt.
Refrain:	Ja, mein schöner Apfel, der ist rund und gesund, manchmal rot, gelb, grün, manchmal bunt.
2. Strophe:	Ich schneid' ihn auf, innen ist so viel Saft, so viel Fruchtfleisch, Mann, das gibt Kraft!
Refrain:	Ja, mein schöner Apfel, der ist …
3. Strophe:	In den fünf Kammern sind fünf Kerne drin, die können wachsen und ein Pflänzlein beginnt!
Refrain:	Ja, mein schöner Apfel, der ist …

(Aus: Thomas Blendinger, Kennst du den Herrn Celsius? Neue Lieder für den Sachunterricht im 1. und 2. Schuljahr (mit Kassette). Prögel Kopiervorlagen 44. Oldenbourg Schulbuchverlag. München 1996)

Kinderleichte Obstrezepte

Naturjogurt mit Nüssen und Fruchtmus

Jogurt wird mit pürierten Früchten und Nüssen vermischt und nach Bedarf mit Honig gesüßt.

Birnenhälften mit Frischkäse

4 große Salatblätter	waschen, abtropfen lassen auf vier Glasteller legen
4 große Birnenhälften	ohne Saft mit der Kernhöhlung nach oben auf die Salatblätter legen
200 g Frischkäse *1 TL Milch*	cremig rühren
je 1 Pr. Salz, Zucker, Pfeffer, Ingwer	würzen, abschmecken, in die Birnenhälften füllen
4 blaue Weintrauben	waschen und jeweils auf die Frischkäsehäubchen setzen

Obstmus

5 Äpfel *4 Bananen* *2 Birnen*	schälen, alle Früchte in Stücke schneiden, in eine Schüssel geben und pürieren
1/2 Liter Milch	dazugeben und mixen.

(Eine Erfindung von Florian, 10 Jahre)

Obstzoo

Dazu werden verschiedene Früchte auf den Tellern in Tierform angerichtet (Raupe, Schmetterling).

Beerenshake	
250 g Erdbeeren oder andere Beeren der Saison	kalt abbrausen, Stielansatz entfernen
1/4 l Vollmilch *500 g Naturjogurt* *2 EL Honig oder Ahornsirup*	alles zusammen mit den Beeren in den Mixer geben und pürieren
	in hohe Gläser füllen und mit Strohhalm servieren

Bananendessert	
4 Bananen *Zitronensaft*	schälen, in dünne Scheiben schneiden und mit beträufeln
2 Esslöffel Mandelblättchen	untermischen In Dessertschalen verteilen, kurz vor dem Servieren mit einer Kugel Vanilleeis garnieren.

4.2 WIR ERNTEN GEMÜSE

Was ist Gemüse?

Gemüse zählt zu den Nahrungsmitteln mit den meisten Vitaminen, Mineralien und Ballaststoffen. Hervorzuheben sind Petersilie, Paprika und Kartoffeln, die reichlich Vitamin C enthalten. Darüber hinaus schützt Gemüse auch vor Infektionen und stärkt das Immunsystem. Es führt dem Körper jedoch nur wenig Energie zu, weil es überwiegend aus Wasser besteht.
Im Frühling gibt es an frischem Gemüse Wirsing, Möhren, Erbsen, dicke Bohnen, Zwiebeln, Spargel, grüne Bohnen, Rhabarber, Kohlrabi und Spinat. Im Sommer sind Mais, Radieschen, rote Beete, Spitzkohl, Artischocken, Schalotten, Tomaten, Blumenkohl und Zucchini frisch. Im Herbst und im Winter kann man Porree, Schikoree, Steckrüben, Schwarzwurzeln, Grünkohl, Rotkohl, Rosenkohl, Mangold, Kürbis und Chinakohl ernten.

Die Geschichte der Kartoffel

Es war vor ungefähr 250 Jahren. In Deutschland regierte König Friedrich der Große. Viele Menschen waren damals sehr arm und hatten mal mehr, mal weniger Hunger.
Darum hatte es wahrscheinlich auch Gespräche am Hofe des Königs gegeben, die ungefähr so gelautet haben könnten:

König: Seit Jahren schon leiden viele Menschen in meinem Reich Hunger. Viele Böden sind ausgelaugt und schlecht, sodass nur schwache und wenige Getreidepflanzen darauf wachsen. Und dann wird den Bauern die kleine Ernte manchmal noch durch ein Unwetter zerstört. So kann es nicht weitergehen!

Berater 1: Es müsste eine Pflanze geben, die auch auf kargen Böden reiche Frucht bringt und satt macht. Und wenn man sie dann noch für die Wintermonate aufheben könnte, dann wäre man vor einer Hungersnot sicher.

König: Ja, ein wahrer Traum!

Berater 2: Oh nein, vielleicht nicht!
Ich war im letzten Jahr bei einem Fürsten in Italien. Dort habe ich auf den Feldern seltsame, aber sehr hübsche Blumen gesehen. Als ich sie bewunderte, lachten die Leute: „Ja, ja, die Blüten sind hübsch. Aber deswegen lassen wir sie nicht wachsen. Viel besser ist das, was an den Wurzeln wächst." Und sie zeigten mir hässliche, braune Knubbelknollen. Ich muss wohl ein ziemlich dummes Gesicht gemacht haben. Deshalb erklärten sie mir:
„Diese Pflanze haben die Spanier vor zweihundert Jahren aus Amerika mitgebracht. Sie wächst dort ganz oben in den Bergen, wo die Böden sehr karg und wenig fruchtbar sind. Die Inkas essen sie dort fast täglich – und es sind gesunde und kräftige Leute. Da ist übrigens noch ein Wunder dieser Pflanze: Man gräbt im Frühjahr eine dieser Knollen in der Erde ein, und im Herbst kann man 15 bis 20 Tartufolos – so nennen wir sie – ernten. Sie lassen sich übrigens monatelang aufheben!"

Berater 1: Ach ja, ich habe auch schon von diesen seltsamen braunen Knollen gehört. Spanische Wissenschaftler haben sogar herausgefunden, dass sie sehr gesund sind. Nur, ich habe einmal eine probiert. Ich finde, sie schmeckt scheußlich.

Berater 2: Das stimmt nicht! Gekocht schmeckt sie köstlich. In Italien macht sie schon viele Menschen satt. Ich denke, wir können diesen Fremden aus Amerika sehr dankbar sein, und Kolumbus und seinen mutigen Seeleuten auch. Durch ihre Entdeckungen können demnächst vielleicht auch unsere Landsleute leichter satt werden.

König: Das alles hört sich ja wunderbar an.
Im nächsten Frühjahr sollen meine Bauern Saatkartoffeln bekommen. In jedem Dorf sollen Kuriere ihnen erklären, wie sie sie pflanzen sollen und wie sie sie später zubereiten können.

Dieser Befehl des Königs wurde dann auch ausgeführt. Im nächsten Frühjahr luden Soldaten bergeweise Kartoffeln auf vielen Marktplätzen ab. Kuriere erklärten den Menschen, was sie damit tun sollten.
Aber den Bauern ging es ähnlich wie es euch manchmal geht, wenn eure Mutter ein neues Rezept ausprobiert hat: Sie waren zu misstrauisch und glaubten den Kurieren nicht, dass die Knollen essbar seien:
„Habt ihr die Dinger schon einmal probiert?“, fragte ein Bauer seinen Nachbarn. „Die schmecken widerlich!“ Ein anderer meinte: „Ich habe sogar von meinem Schwager gehört, dass sie giftig seien!“ „Sowas sollen wir jetzt essen“, meinte ein anderer, „das ist wohl gerade gut genug für die Schweine.“ Und das dachten wohl viele. So wurden die meisten Saatkartoffeln, die der König ihnen geschenkt hatte, an die Schweine verfüttert – und der Hunger blieb. Die Botschafter und Soldaten berichteten dem König, was die meisten Bauern mit den Kartoffeln gemacht hatten. Der König war wohl ein kluger Mann, denn er meinte: „Die Leute wissen noch zu wenig von dieser faszinierenden Pflanze.“ Und so ließ er auf den Marktplätzen mancher Dörfer ein Kartoffelkochen und Kartoffelessen vorführen.
Außerdem ließ er Kartoffelfelder von Soldaten anlegen und wie einen Schatz bewachen. Da dachten sich wohl viele Bauern: „Wenn der König die Kartoffeln bewachen lässt wie einen Schatz, dann müssen sie ja wohl doch etwas sehr Gutes sein.“ Und so kamen sie, klauten Kartoffeln von den bewachten Feldern (die Soldaten taten dabei so als merkten sie nichts) und probierten sie.

Bald merkten sie, dass die Kartoffeln wirklich sehr gut waren:
- Sie waren leicht anzubauen, auch auf wenig fruchtbaren Böden.
- Sie machten satt und waren gesund.
- Sie ließen sich gut für den Winter und das Frühjahr aufbewahren.

So halfen die Inkas aus Amerika, die Schiffsbauer des Mittelalters und die Entdecker von Amerika, die Hungersnot der Europäer im 18. Jahrhundert zu besiegen.

Später entdeckten dann die Menschen, welch wunderbare Gerichte man aus den Kartoffeln kochen kann und so wurden sie bald zu einem täglichen Nahrungsmittel in Deutschland.

(Aus: Ingeborg Schenker, Montessori-Projekte. Prögel Praxis 208. Oldenbourg Schulbuchverlag. München 1997)

Ein kleiner Kartoffelbauer

Michael hat ein richtiges kleines Beet im Garten. Im vorigen Jahr hat er Pflücksalat und Kresse ausgesät. Schon bald sind die grünen Pflanzenreihen zu sehen gewesen. Oft hat Michael für die Mutter Salatblätter abgepflückt und Kresse für Butterbrote abgeschnitten. In diesem Frühjahr hat er Kartoffeln in die Erde gelegt. „Mami, ich bin gespannt, wie viele Kartoffeln ich ernten werde!“, ruft Michael. Die Kartoffeltriebe wachsen höher und höher. „Du musst Erde drumherum aufhäufeln!“, sagt die Mutter. „Die Kartoffeln müssen vor Licht geschützt werden, sonst werden sie grün und wir können sie nicht mehr essen.“

Schon bald sind die weißen Blüten an den Trieben zu erkennen. „Die und später die grünen Früchte sind giftig!“, warnt die Mutter. „Aber hübsch sehen sie trotzdem aus“, meint Michael.

Immer wieder hackt er das Unkraut weg, damit die Kartoffeln auch tüchtig wachsen können.

Die Kartoffelstauden sind groß und buschig geworden. Allmählich wird es Herbst. Die Kinder lassen die ersten Drachen steigen. „Ich glaube, du kannst bald deine Kartoffeln ernten“, meint die Mutter. „Schau mal, das Kartoffelkraut fängt an zu welken. Das ist ein Zeichen, dass die Kartoffeln reif sind.“

Michael holt die große Grabgabel aus dem Schuppen. Vorsichtig sticht er ins Erdreich hinein. „Mami“, ruft er aufgeregt, „hier hängen zehn Kartoffeln an den Wurzeln, ganz schön dicke, große!“ Er gräbt aufgeregt weiter: „Hier hängen vierzehn Kartoffeln dran, aus einer einzigen Kartoffel sind sie gewachsen!“

Nach einer Weile hat er einen ganzen Korb voll. „Du bist ja ein richtiger Kartoffelbauer!“, lacht die Mutter. „Heute abend machen wir hinten im Garten ein Kartoffelfeuer, dann gibt es frisch geröstete Kartoffeln mit Salz und Butter!“

(Aus: Barbara Cratzius, Herbst im Kindergarten. Herder Verlag. Freiburg 1989)

Die Kinder beantworten folgende Fragen auf Karteikarten (Lösungen jeweils auf der Rückseite):

Woraus wächst eine neue Kartoffelpflanze?	Welche Teile der Kartoffelstaude sind giftig?	Fragen (Vorderseite)
Was muss man tun, um die Kartoffeln vor Licht zu schützen?	Wann kann man die Kartoffeln ernten?	Wo findet man die neuen Kartoffeln?
Nicht aus Samen, sondern aus einer Knolle.	Die weißen Blüten und die grünen Früchte.	Lösungen (Rückseite)
Um die Pflanze Erde anhäufeln.	Wenn das Kartoffelkraut anfängt zu welken.	An den Wurzeln der Kartoffelstaude – bis zu zwanzig Stück an einer Pflanze.

Aus dem Leben einer Kartoffel

Schließe die Augen und denke, du bist eine Kartoffel. Schreibe deine Geschichte auf. Diese Fragen können dir beim Schreiben weiterhelfen.
- Wie siehst du als Kartoffel aus?
- Wen triffst du unter der Erde?
- Was hörst du unter der Erde?
- Wirst du geerntet?
- Was geschieht mit dir? Wohin wirst du gebracht?

So könntest du mit deiner Geschichte beginnen:
Ich bin eine kleine, runde Kartoffel. Ich liege in der Erde. Plötzlich ...

Kartoffeln pflanzen

Die Kinder sollen beobachten, wie aus einer Kartoffel viele werden. Die Lehrerin bringt eine ältere Kartoffel mit vielen Augen mit und lässt sie ruhen, bis sie keimt. Danach wird sie in einen mit Blumenerde gefüllten Topf gepflanzt und jeden Tag gegossen. Nach einiger Zeit entwickeln sich grüne Blätter und weißgelbe Blüten, aus denen kleine grüne giftige Beeren entstehen. Wenn die Blätter verwelkt sind, sind an der Kartoffel neue Knollen entstanden.

Materialien und Spielideen für den offenen Unterricht

Gemüseklatschen

Zuordnen von Bild- und Wortkarten

Material: Memorykarten (siehe Kopiervorlage S. 140 ff.)
Spieler: zwei bis vier

Die Karten werden gemischt und verdeckt auf dem Tisch ausgelegt. Wichtig ist, dass die Karten nicht übereinander liegen. Es wird reihum im Uhrzeigersinn gespielt. Wer an der Reihe ist, dreht schnell eine beliebige Karte um und legt sie offen auf den Tisch, sodass sie für alle Kinder gleichzeitig sichtbar ist. Während die Karten nacheinander aufgedeckt werden, warten alle gespannt darauf, dass endlich ein Kartenpaar erscheint (Bild, Wort). Wird zu einer bereits umgedrehten Karte die passende aufgedeckt, versuchen sofort alle gleichzeitig mit einer Hand auf die zuerst aufgedeckte Karte zu klatschen. Wem dies zuerst gelingt, nimmt das Kartenpaar. So geht es weiter, bis das nächste Kartenpaar erscheint. Das Spiel ist beendet, sobald auf dem Tisch nur noch zwei Karten liegen. Dieses Kartenpaar gehört keinem Kind. Gewonnen hat, wer das meiste Gemüse „geerntet“ hat.

Das Gemüse-ABC

Ordnen von Gemüsearten nach dem ABC

Material: entsprechende Kärtchen aus dem Gemüsememory (Kopiervorlage S. 140), „Geheimbuch"

Die Kinder legen alle Bildkärtchen verdeckt auf den Tisch und mischen sie. Danach drehen sie die Kärtchen um und ordnen die aufgedeckten Wörter nach dem ABC. Bei der Selbstkontrolle hilft das „Geheimbuch".

„Geheimbuch"

Lösung

Artischocke
Blumenkohl
Schikoree
Erbsen
Feldsalat
Gurken
Kartoffel
Lauch

Möhren
Paprika
Radieschen
Salat
Tomate
Weißkohl
Zwiebel

Gemüsememory

Zuordnen von Bild- und Wortkarten

Material: Memorykarten (siehe Kopiervorlage S. 140 – 145)
Spieler: zwei bis vier

Gemüsememory

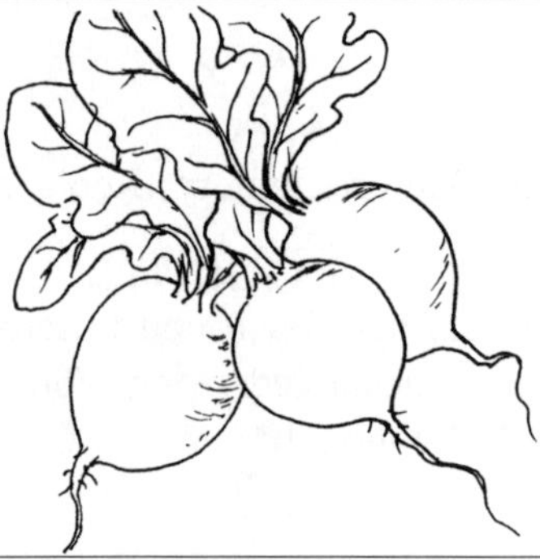	Radieschen
	Weißkohl
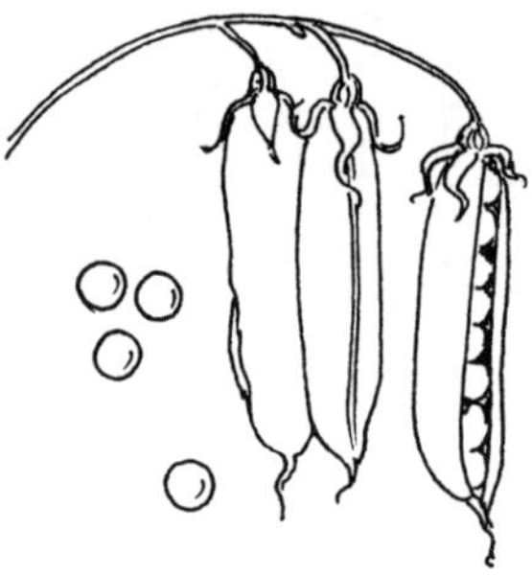	Erbsen
	Kartoffeln

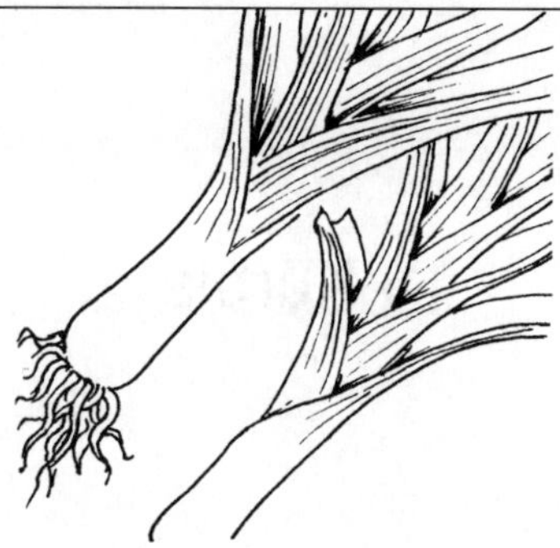	Lauch
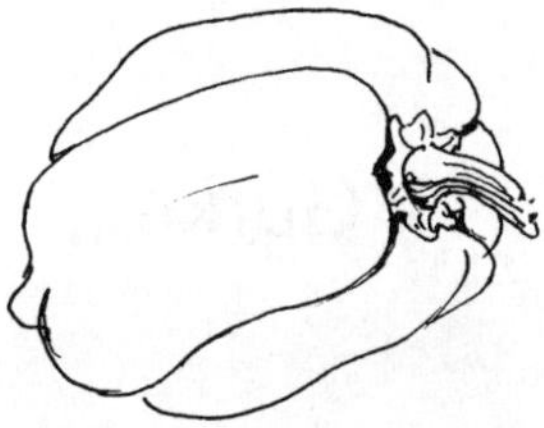	Paprika
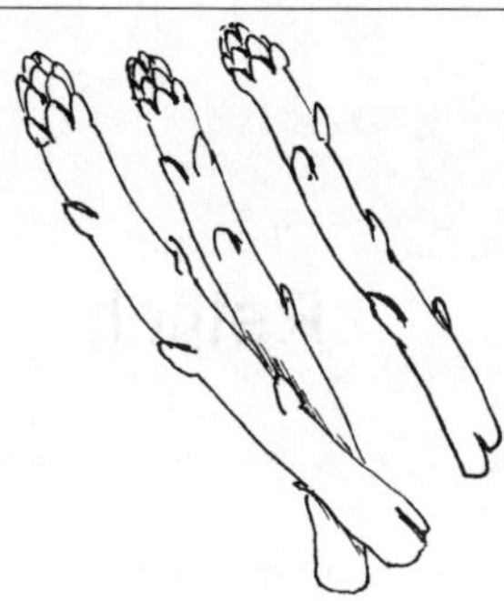	Spargel
	Kohlrabi

	Kürbis
	Gurke
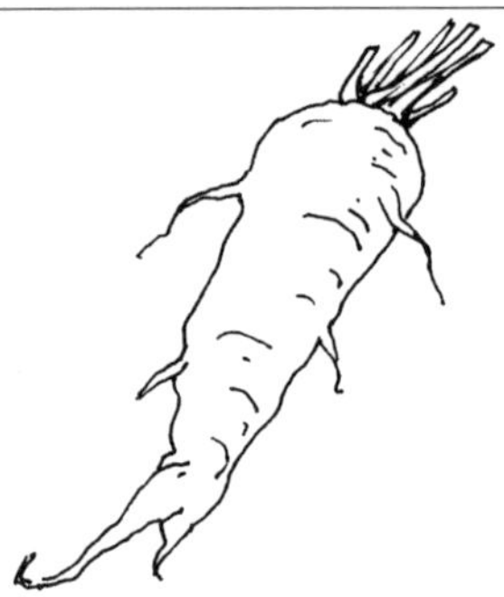	Rettich
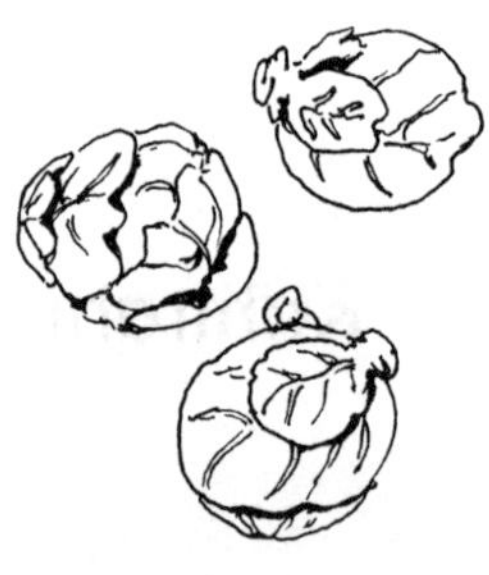	Rosenkohl

	Feldsalat
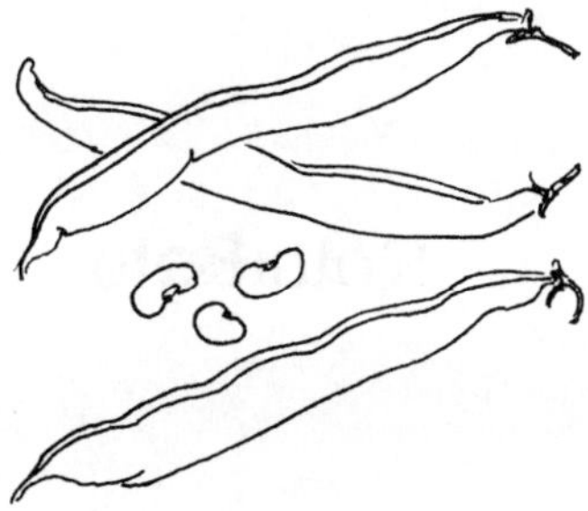	Bohnen
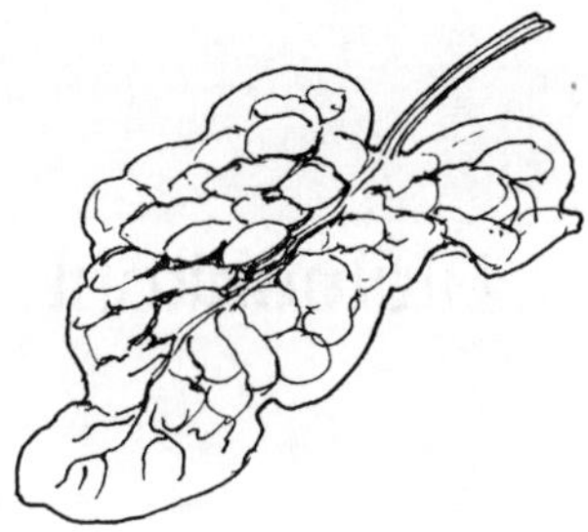	Spinat
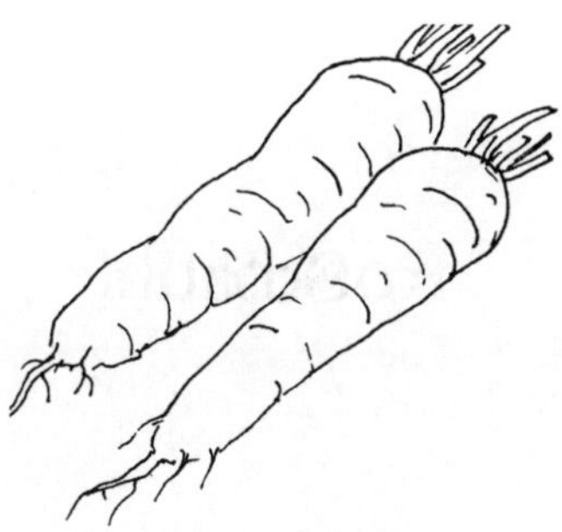	Möhren

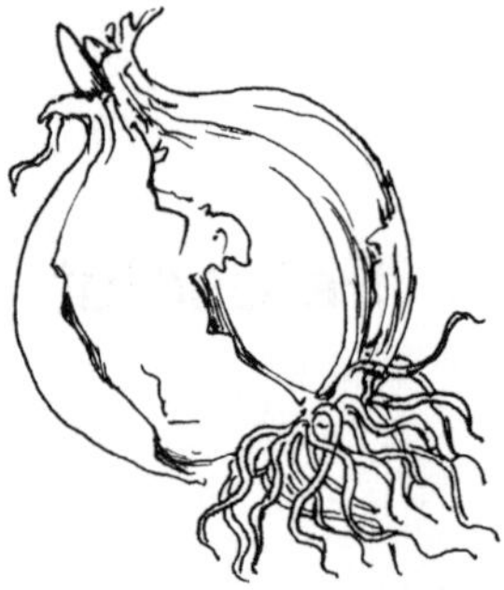	Zwiebel
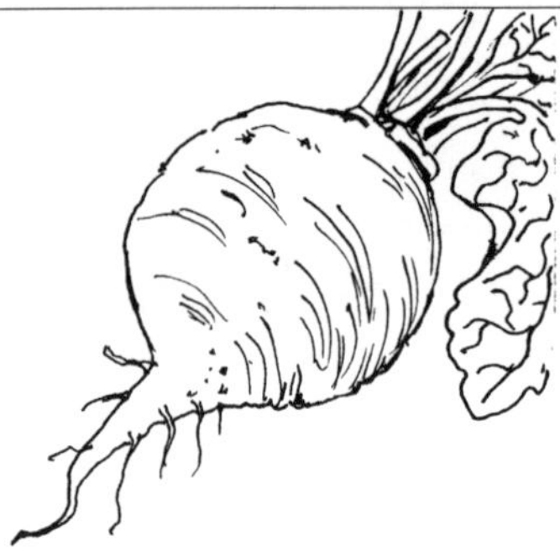	Rote Bete
	Blumenkohl
	Salat

	Artischocke
	Schikoree
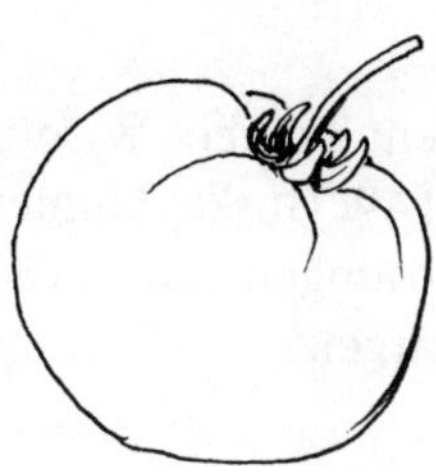	Tomate

Siehst du wohl, da liegt der Blumenkohl!

Einprägen von Gemüsenamen (Spielanleitung siehe Pilze, S. 100)

Material: Bildkarten, sechs farbige Quadrate (zum Abdecken), ein Farbenwürfel

Spieler: zwei bis drei

Gemüse-Klick

Erkennen von Gemüsesorten

Material: Spielrahmen, Abdeckplatte (sechs Teile), Gemüsebilder (Fotos oder die vergrößerten Bilder vom Gemüsememory)
Spieler: zwei bis vier Spieler, Spielleiter

Spielanleitung siehe Klick-Klick, S. 91.

Gemüseexpertenspiel

Lösen von Gemüserätseln

Material: 1-2-3-Würfel, Spielfiguren, Rätselkarten, Startkarte, Zielkarte
Spieler: zwei bis drei

Es wird die Startkarte aufgelegt. Nun werden die Karten mit den Gemüserätseln nach oben zu einem Weg angeordnet. Der Weg endet mit der Zielkarte. Dann würfelt das erste Kind mit dem 1-2-3-Würfel und rückt entsprechend der Augenzahl vor. Es liest das Gemüserätsel vor und löst es. Dann dreht es die Rätselkarte um und kontrolliert. Ist die Antwort richtig, bleibt das Kind auf der Karte stehen, ansonsten muss es auf die Ausgangskarte zurück. Wer als Erster auf der Zielkarte steht, hat gewonnen.

Lösungen von S. 147 links oben nach rechts unten: Zwiebel, Karotte, Paprika, Erbse, Kohlrabi, Kohl, Tomate. Lösungen von S. 149: Gurke, Blumenkohl, Rettich,Rosenkohl, Kopfsalat, Radieschen, Spinat. Lösungen von S. 151: Bohnen, Kartoffel, Lauch, Brokkoli, Rote Bete, Kürbis, Spargel.

Wer bin ich?

Ob klein oder groß, grün oder weiß, mild oder scharf – ich bin Deutschlands beliebtestes Lauchgemüse. Jeder, der mich verarbeitet, muss dabei weinen. Dabei bin ich sehr gesund. Ich bin sogar ein wirksames Mittel gegen Husten und Heiserkeit.

Wer bin ich?

Ich bin eine orangerote Wurzel und ein echter Rohkostknüller. Aber auch gekocht schmecke ich recht lecker. Ich enthalte viel Karotin, das im Körper zu Vitamin A umgewandelt wird. Sogar für einen Schneemann bin ich nützlich.

Wer bin ich?

Ob rot, grün oder gelb – ich bin eine richtige Vitamin-C-Bombe. Um richtig reif zu werden, brauche ich viel Wärme. Ich enthalte mehr Vitamin C als jedes andere Gemüse und bin deshalb sehr gesund. Übrigens bin ich eine der ältesten Kulturpflanzen der Indianer.

Wer bin ich?

Ich bin eine kleine, grüne unreife Kugel und stecke zusammen mit bis zu sieben Samen in einer Hülse, wenn man mich erntet. Meist kann man die Hülse nicht mitessen.

Wer bin ich?

Von Mai bis Oktober kann man mich ernten. Ich sehe aus wie eine Kugel und habe entweder eine weiße oder eine blaue Schale. Bevor ich roh oder gekocht verspeist werde, muss man mich schälen. In meinen zarten Blättern ist viel Eiweiß enthalten.

Wer bin ich?

Ich bin das Gemüse, das in Deutschland am weitesten verbreitet ist. Ich sehe aus wie eine Kugel, bestehe aber aus vielen festen Blättern. Meist werde ich zu Sauerkraut verarbeitet. Mein Vitamin-C-Gehalt nimmt beim Erhitzen sogar zu.

Wer bin ich?

Ich bin rund und rot. Man nennt mich auch Liebesapfel, Goldapfel oder Paradeiser. Vor gut 90 Jahren brachten mich die Spanier von Mittelamerika nach Europa. Je mehr Sonne ich bekomme, desto besser schmecke ich. Im September werde ich geerntet.

Karotte	Zwiebel
Erbse	Paprika
Kohl	Kohlrabi
Tomate	

Wer bin ich?

Man kennt mich in den verschiedensten Formen: lang, schlank und gerade oder kurz, dick und krumm. Eine grüne Schale habe ich in jedem Fall. Ich bin das Gemüse für alle, die auf die schlanke Linie achten. Ich schmecke roh und geschmort.

Wer bin ich?

Ich bin ein Blütengemüse. Mein Kopf besteht aus vielen knackigen Röschen. Rings um meinen weißen Kopf wachsen feste grüne Deckblätter. Meistens werde ich gekocht. Ich eigne mich für Salate, Eintöpfe oder Mischgemüse. Nur wenige kennen mich als feine Rohkost.

Wer bin ich?

Ich bin rot oder weiß, sehr lang oder manchmal knollenartig. Mein Fruchtfleisch schmeckt würzig und manchmal ziemlich scharf. Man isst mich gerne in feine Scheiben geschnitten und mit Salz bestreut.

Wer bin ich?

Meine Blüten sind kleine Kugeln aus grünen, festen Blättern und schmecken etwas bitter. Du isst meine gekochten Blüten.

Wer bin ich?

Ich bin grün und rund. Meine Blätter sind kreisförmig angeordnet. Ich werde meist mit Essig, Öl, Salz und Pfeffer angerichtet.

Wer bin ich?

Ich habe runde, rote Wurzeln, die wie kleine Kugeln aussehen. Innen bin ich ganz weiß. Ich werde oft zum Garnieren von Salaten verwendet.

Wer bin ich?

Meine grünen Blätter schmecken würzig. Meistens werde ich gekocht und mit etwas Rahm verfeinert. Es gibt mich auch häufig in tiefgefrorener Form. Kinder essen mich manchmal nicht so gern.

Blumenkohl	Gurke
Rosenkohl	Rettich
Radieschen	Kopfsalat

Spinat

Wer bin ich?

Ich bin eine längliche grüne Hülse.
Roh bin ich giftig, deshalb darfst
du mich nur gekocht essen.

Wer bin ich?

Ich bin ein Wurzelgemüse, außen
braun und innen gelblich.
Ich habe die Form einer Knolle.
Du kannst mich nur gekocht essen.
Meine weißen Blüten sind giftig.

Wer bin ich?

Mein langer Stängel ist unten weiß
und oben grün. Vor dem Kochen
schneidet man mich meist in
feine Ringe.
Ich schmecke würzig.

Wer bin ich?

Wenn du meine grünen Blüten
voneinander löst und sie genau
betrachtest, sehen sie wie
Bäumchen aus.
Sie sind besonders gesund.
Ich werde gekocht und häufig als
Suppe oder Auflauf serviert.

Wer bin ich?

Meine rote Wurzel ist rund und fest.
Vor dem Essen werde ich gekocht.
Ich werde oft als Salat oder
Suppe serviert.
Meine rote Farbe macht Flecken
auf der Kleidung.
Manchmal werde ich sogar zum
Färben von Ostereiern verwendet.

Wer bin ich?

Meine große runde Frucht ist
gelblich oder orange.
Aus mir kann man eine gute Suppe
kochen. Wenn du mich aushöhlst,
bin ich eine tolle Laterne.

Wer bin ich?

Meine weißen, festen Stängel
schmecken sehr zart.
Ich werde im Frühjahr geerntet.
Zusammen mit Schinken und
Kartoffeln bin ich ein
besonders feines Essen.

Kartoffel	Bohnen
Lauch	Brokkoli
Rote Bete	Kürbis
Spargel	

Kimspiele mit „echtem" Gemüse

Materialien: Verschiedene Gemüsesorten

Das Gemüse wird so ausgelegt, dass alle Kinder die Gemüsesorten kurze Zeit betrachten können. Ein Kind verlässt den Raum. Mehrere Gemüsesorten werden weggenommen. Das Kind kommt wieder ins Zimmer und errät, welche Sorten entfernt worden sind. Statt dessen kann auch eine Sorte dazu gelegt werden.
Man kann auch das Gemüse nur abdecken.
Aufgabe ist dann, sich alle Gemüsesorten zu merken und zu benennen.

Riech- und Fühlspiele

Materialien: Jutesack bzw. Kartoffelsack, verschiedene Gemüsesorten

Die Kinder sollen mit verbundenen Augen z. B. aus einem Kartoffelsack Gemüsesorten holen und das Gemüse durch Befühlen und Beschnuppern erraten.

Gemüsefarben

Materialien: Farbenwürfel (rot, grün, gelb, orange, weiß oder bläulich), Bilder (Kopiervorlage S. 140).

Die Spieler sitzen im Kreis. Es wird reihum gewürfelt. Wenn das Kind zu der gewürfelten Farbe eine passende Gemüsesorte nennen kann, erhält es das entsprechende Bild (Farbpunkt auf der Rückseite zur Kontrolle). Jede Gemüsesorte darf nur einmal genannt werden. Das Kind mit den meisten Bildern hat gewonnen.

Unser Ausstellungstisch

Die Kinder sortieren auf einem Tisch Gemüse und Obst, stellen Namenskärtchen dazu, schreiben in Gruppen kurze Steckbriefe und geben evtl. auch Geschmack und Verwendungsart an. Die anderen Gruppen ordnen diese dann richtig zu. Heimisches Gemüse wird gesondert ausgestellt. Eigenartig gewachsenes Gemüse wird von zu Hause mitgebracht und eventuell fotografiert.
Gemüseteile werden zu lustigen Tieren oder Männchen zusammengestellt (Kartoffelmännchen, Radieschenmäuse, ...).
Aus Zeitungen werden passende Rezepte oder Artikel gesammelt und an einer Pinnwand befestigt.
In einem „Gemüsebuch" sammeln die Kinder Texte, Zeichnungen und Fotos auf Blättern in Klarsichthüllen.

Kunstbetrachtung, Malen und Basteln

„Der Gemüsegärtner“ von Guiseppe Arcimboldo

Vorbereitung: Auf einem Tisch in der Mitte des Sitzkreises steht eine Schüssel mit Gemüse.

Einstimmung: Die Kinder nehmen ein Gemüse in die Hand, schließen die Augen, ertasten es, riechen daran, während Meditationsmusik gespielt wird. Sie berichten von ihren Wahrnehmungen und legen das Gemüse wieder in die Schale.

Bildbetrachtung und Arbeit am Bild
Die Lehrerin zeigt das Bild „Der Gemüsegärtner“ von Giuseppe Arcimboldo, zu dem sich die Kinder äußern.

(Giuseppe Arcimboldo: Der Gemüsegärtner; akg-images, Berlin)

Dabei entsteht folgendes Tafelbild:

„Der Gemüsegärtner“ von Giuseppe Arcimboldo

Ich sehe
- einen Topf randvoll mit Gemüse
- eine dicke Zwiebelknolle
- Möhren in Reih und Glied

Ich drehe das Bild um und entdecke den Gemüsegärtner.
Er lacht mich aus.

Die Lehrerin erzählt kurz zum Leben des Malers.

Der Maler und der König

Es lebte einmal vor langer, langer Zeit ein Maler. Er malte so schöne Bilder, dass den Leuten vor Staunen der Mund offen stehen blieb. Als sie ihn dann doch wieder zumachten und wieder reden konnten, erzählten sie anderen, welche tollen Bilder sie gesehen hatten. So wurde der Maler berühmt und eines Tages schickte der König nach ihm. Er wollte bei dem Maler ein Bild bestellen. Was der Maler malen sollte? Natürlich den König! Du meinst, da hätte er besser nach dem Fotografen schicken sollen? Ging nicht. Einen Grafen, der ein Fotograf war, gab es im ganzen Land nicht. Niemand konnte fotografieren, weil es noch keinen Fotoapparat gab. Deshalb malten die Maler damals meistens die Gesichter von berühmten Leuten.
Der König setzte sich in seinen Thronsessel. Er saß ganz still und bewegte seinen Kopf kein bisschen. Der Maler sollte ja sein Gesicht malen. Immer wieder schaute der Maler zum König hin. Er malte gerade die Nase – aber auf das Bild kam eine gelbrote Birne! Er malte die Augen des Königs – auf dem Bild glänzten zwei Brombeeren. Die Augenlider wurden zu Erbsenschoten und anstelle der Backen waren da Pfirsiche. Als Mund malte er leuchtend rot Kirschen. Statt der goldenen Krone malte der Maler die goldgelben Ähren vom Getreidefeld, und statt der Edelsteine grüne und rote Weintrauben. Obwohl es ein Puzzle aus Gemüse und Obst war, sah das Bild dem König tatsächlich sehr ähnlich.
Der König wusste nicht so recht, ob er darüber lachen oder sich ärgern sollte. „Aber ich bin doch der König und kein Kohlkopf!“, brummte er. Der Maler meinte: „Eure Untertanen freuen sich, dass immer genug zu essen auf dem Tisch ist. Und deshalb lieben sie ihren König, weil er dafür sorgt, dass alle satt sind!“ Nun lachte der König und freute sich. Das neue Bild zeigt ja nicht bloß sein Gesicht. Es verriet noch mehr. „Das Bild hat einen Sinn!“, rief der König. „Es ist ein Sinnbild!“
Der Maler wurde zum Hofmaler ernannt. Er durfte im Schloss ein- und ausgehen, wann er wollte. Bald hatte er nicht nur den König, sondern alle im Schloss zum Freund. Sogar den Gärtner. Von dem hat er auch ein Bild gemalt. Das auf dieser Seite. Wie? Du kannst bloß einen Topf mit Gemüse sehen? Schnell, stell das Bild auf den Kopf! Dann schaut dich der Gärtner des Königs an! Der Maler hieß übrigens Giuseppe Arcimboldo. Er lebte vor rund 400 Jahren. Das ist lange her. Aber seine Bilder haben wir immer noch.

(Aus: Schul-Jugendzeitschrift Flohkiste. Ausgabe f. d. 2. Klasse, Heft Nr. 18/1991. Domino Verlag. München)

Lebenslauf als Zusatzinformation

Giuseppe Arcimboldo war ein sehr eigenwilliger Maler: Mal unterschrieb er mit Arcimboldo, mal mit Arcimboldi oder Arcimboldus. Mit Vornamen nannte er sich mal Giuseppe, mal Josephus oder Joseph. 1527 wurde er in Mailand geboren. Kaiser Ferdinand I. lernte Arcimboldo bei einer seiner Reisen durch Italien kennen. Er schätzte ihn und wollte ihn unbedingt an seinen Hof nach Wien holen. In Wien wurde er nicht nur als Hofmaler beschäftigt, sondern organisierte auch zahlreiche Feste und Umzüge mit.
1562 begann Giuseppe Arcimboldo seine Arbeit im kaiserlichen Hof in Wien. 25 Jahre lebte er am Hof. 1583 zog Arcimboldo mit Kaiser Rudolf II. nach Prag um. Hier wurden er und seine Familie in den Adelsstand erhoben.
1587 kehrte er endlich wieder nach Hause zurück. Am 11. Juli 1593 starb er. Einst hoch geachtet und berühmt, geriet er nun schnell in Vergessenheit. Seine Bilder führen uns aber weiterhin in eine Zauberwelt.

(Aus: Claudia Strand, Der Apfel-Birnen-Kürbismann. Prestel Verlag. München 1999)

Erarbeitung der Gestaltungsaufgabe
Die Kinder legen in Gruppenarbeit mit ihrem Gemüse ein Gemüsegesicht und gestalten es aus.

Kurze Reflexion
Die Kinder gehen im Zimmer herum und betrachten die Gemüsegesichter der anderen Gruppen.

Möglichkeiten der malerischen Umsetzung
- Die Kinder stellen Gemüsegesichter aus vorgefertigten Schablonen her.
- Sie schneiden aus Katalogen Gemüsesorten aus und stellen Gemüsegesichter zusammen.
- Gruppenarbeit: Jedes Kind malt einige Gemüsesorten und schneidet sie aus. Diese Teile werden zu einem Gesicht zusammengestellt und aufgeklebt.

Kartoffeldruck (Briefpapier, Geschenkanhänger, T-Shirts)

Material:
rohe Kartoffeln, Plakafarben, Stofffarbe für T-Shirts (je nach Vorhaben), Geschenkbänder, Pinsel, farbiges Papier, scharfes Messer, Filzstift, Locher

Arbeitsschritte:
- Die Kartoffel in der Mitte aufschneiden und auf der Schnittfläche ein einfaches Motiv mit dem Filzstift zeichnen.

- Den Umriss des Motivs vorsichtig mit dem Messer einritzen und rund um die Form eine Scheibe abschneiden.
- Das Motiv dick mit Farbe bestreichen.
- Das Briefpapier oder den Geschenkanhänger (vorher aus farbigem Papier beliebige Form schneiden) verzieren, den Geschenkanhänger in einer Ecke lochen und ein Band durchziehen.

Collage aus Hülsenfrüchten

Material: Fotokarton, Alleskleber, Schere, getrocknete Bohnen, Erbsen, Linsen, Perlgraupen

Arbeitsschritte:
- Auf ein 15 x 15 cm großes Quadrat oder einen Kreis aus Fotokarton mit einem Bleistift ein geometrisches Muster aufzeichnen.
- In die Mitte des Kartons etwas Klebstoff tupfen und die ersten Hülsenfrüchte darauf kleben.
- Langsam immer weiter nach außen vorarbeiten und den Klebstoff nur auf den gerade zu bearbeitenden Teil tupfen.

Tierbilder aus Samen und Gräsern

Material: grünes Tonpapier, ein Stück Bastelkarton, Pergamentpapier, Bleistift, Kürbis- oder Sonnenblumenkerne, Linsen, eine Haselnuss, rotbraune und andersfarbige Gräser, Alleskleber

Arbeitsschritte:
- Den Umriss z. B. eines Eichhörnchens auf Bastelkarton aufzeichnen.
- Eine Haselnuss aufknacken und dem Eichhörnchen eine Nusshälfte an die Pfote kleben.
- Die Kürbiskerne dachziegelartig auf den Körper kleben, als Auge z. B. eine Linse verwenden.
- Rotbraune Gräser als Schwanz und Gräser in anderen Farben (als Boden oder Hintergrund) auf den Karton kleben.
- Anschließend den Bastelkarton mit dem Eichhörnchen auf grünes Tonpapier kleben.

Bohnenkette

Material: verschiedene Bohnenkerne (Asukibohnen, schwarze Bohnen, große weiße Bohnen, Mungobohnen, Kidneybohnen), Klarlack

Arbeitsschritte:

- Die Bohnen über Nacht in Wasser legen, mindestens fünf Stunden. Wenn man mit einer Nadel hindurchstechen kann, sind sie weich genug.
- Mit einer nicht zu dicken Nadel die Bohnen auf einen haltbaren Faden (z. B. Zahnseide) aufziehen.
- Die Kette zwei Tage lang trocknen.
- Damit die Kette nicht färbt, mit etwas Klarlack anstreichen.

Gemüselieder

Mein Kürbiskopf

Das Lied kann von den Kindern pantomimisch dargestellt werden.

1. Strophe: Die Kinder stehen im Halbkreis und verwirbeln ihre Haare, zünden eine fiktive Kerze an.
2. Strophe: Die Kinder nehmen sich an der Hand und strahlen übers ganze Gesicht.
3. Strophe: Die Kinder malen ein Fenster in die Luft und halten ihre Hand an die Stirn (spähen).

Mein Kürbiskopf

2. Mein Kürbiskopf …
   Nun strahlt er übers ganz' Gesicht – ich find ihn schön und fürcht mich nicht!
   Mein Kürbiskopf …

3. Mein Kürbiskopf …
   Und hab ich ihn am Fenster stehn, so könnt ihr ihn von weitem sehn!
   Mein Kürbiskopf …

(Aus: Sylvia Horak, Spiele für große und kleine Gruppen. © Verlagsgruppe Random House GmbH)

Rübenziehen

In diesem Märchen können die Figuren und ihre Handlungen durch Orff-Instrumente begleitet werden. Für die Spielfiguren sind folgende Instrumentenvorschläge möglich: Väterchen (Bassxylophon), Mütterchen (Metallophon), Kindchen (Glockenspiel), Hündchen (Holzblocktrommel), Hähnchen (Triangel), Hühnchen (Triangel schneller geschlagen). Die Kinder überlegen, an welchen Stellen in der Geschichte auch für die Handlungen Musik erklingen kann (entsprechende Vorschläge siehe unten).

Möglicher Spielvorschlag:

Erzähler:

Väterchen geht auf das Feld.	(Bassxylophon)
Väterchen sät Rüben.	(Schüttelbüchsen)
Die Rüben wachsen und wachsen...	(Glissando auf einem Glockenspiel)
Väterchen will eine Rübe herausziehen. Er zieht und zieht und kann sie nicht herausziehen.	(auf der Handtrommel mit dem Schlägel reiben)
Väterchen ruft Mütterchen: „Mütterchen, komm, hilf mir Rüben ziehen!“	
Das Mütterchen kommt.	(Metallophon)
Mütterchen zieht Väterchen, Väterchen zieht die Rübe, sie ziehen und ziehen und können sie nicht herausziehen.	(mit dem Schlägel auf der Handtrommel reiben)
Mütterchen ruft Kindchen: „Kindchen, komm, hilf uns Rüben ziehen!“	
Kommt das Kindchen.	(Glockenspiel)
Kindchen zieht Mütterchen, Mütterchen zieht Väterchen,	
Väterchen zieht die Rübe, sie ziehen und ziehen und sie können sie nicht herausziehen.	(mit dem Schlägel auf der Handtrommel reiben)
Kindchen ruft Hündchen: „Hündchen, komm, hilf uns Rüben ziehen!“	
Das Hündchen kommt.	(Holzblocktrommel)
Hündchen zieht Kindchen, Kindchen zieht Mütterchen,	
Mütterchen zieht Väterchen, Väterchen zieht die Rübe, sie ziehen und ziehen und können sie nicht herausziehen.	(mit dem Schlägel auf der Handtrommel reiben)
Hündchen ruft Hähnchen: „Hähnchen, komm, hilf uns Rüben ziehen!“	
Das Hähnchen kommt.	(Triangel)
Hähnchen zieht Hündchen, Hündchen zieht Kindchen, Kindchen zieht Mütterchen, Mütterchen zieht Väterchen,	

Väterchen zieht die Rübe, sie ziehen und ziehen und können sie nicht herausziehen.
Hähnchen ruft Hühnchen: „Hühnchen, komm, hilf uns Rüben ziehen!“

(mit dem Schlägel auf der Handtrommel reiben)

Das Hühnchen kommt.

(Triangel schneller schlagen)

Hühnchen zieht Hähnchen, Hähnchen zieht Hündchen, Hündchen zieht Kindchen, Kindchen zieht Mütterchen, Mütterchen zieht Väterchen, Väterchen zieht die Rübe,

(mit dem Schlägel auf der Handtrommel reiben)

sie ziehen und ziehen und schwupps...
ist die Rübe heraus.

(Schlag auf die Handtrommel, Schellenkranz)

Alle gehen vergnügt nach Haus.

(Triangel schnell,
Triangel langsamer,
Holzblocktrommel, Glockenspiel,
Metallophon und Bassxylophon)

Alle singen und tanzen:

(Margit Möckl, aus: Musik überall 1/2 B. Oldenbourg Schulbuchverlag. München 1990)

Gemüse anbauen/Gemüse zubereiten und kochen

Aussaat von Feldsalat im Schulgarten

Der Feldsalat ist eine kleine, zähe Pflanze, die im August für die Herbsternte und ab September für die Winter- und Frühjahrsernte ausgesät werden kann. Der Feldsalat wächst am besten im sonnigen, gut gedüngten Beet. Nach der Aussaat in Reihen wird der Boden gut festgeklopft. Zu Beginn des Winters wird der Feldsalat mit Tannenzweigen oder Reisig abgedeckt. Man kann ihn auch mit einer Holzumrandung abdecken. Die Abdeckung kann jederzeit hochgehoben und der Salat geerntet werden. Hierbei wird die ganze Blattrosette mit einem Messer aus dem Boden gestochen.

Ziehen von Kresse auf der Fensterbank

Gut angefeuchtetes Küchenkrepppapier oder Watte wird auf einen tiefen Teller gelegt. Die Kressesamen werden so darauf gestreut, dass sie nicht übereinander liegen. Die Samen werden mit einem zweiten Teller bedeckt, um sie vor Licht zu schützen, und täglich mit Wasser besprüht. Wenn die Samen keimen, wird die Abdeckung entfernt. Nach 6 – 7 Tagen ist die Kresse etwa 3 – 4 cm hoch. Jetzt wird geerntet, indem die Kresse mit einer Schere tief unten abgeschnitten wird. Auf ein Butterbrot gestreut schmeckt die Kresse prima. Man kann Kresse auch in Form von Bildern (Herzen), Buchstaben oder Ziffern wachsen lassen. Dazu wird eine Ausstechform oder eine ausgeschnittene Form aus Papier auf die angefeuchtete Watte gelegt und die Kressesamen nur innerhalb dieser Form gesät.

Arbeiten im Gemüsebeet im Herbst

Alles Gemüse wird geerntet, nur Feldsalat, Rosenkohl und Grünkohl bleiben im Freien und können nach Bedarf geerntet werden. Endivien werden mit Wurzelballen ausgegraben und an einem frostfreien aber kühlen Ort gebracht und nach und nach verbraucht. Möhren und Rote Beete bleiben den ganzen Winter frisch, wenn sie an einem kühlen Ort in Sand gelagert werden. Schnittlauchballen werden ausgegraben und auf die Seite gelegt. Nach den ersten kräftigen Frösten werden sie eingetopft und ans Fenster gestellt. Dort lässt man sie treiben.

(Aus: Irene Ingold u. a., Das alternative Gartenbuch. Proclama Verlag. Regensburg 1994: S. 63 f.)

Gemüserezepte kinderleicht

Die Lehrerin kocht mit der Klasse einfache Rezepte nach. Dabei werden Rezepte gelesen; es wird abgesprochen, wer welche Zutaten mitbringt, oder es wird zusammen auf dem Wochenmarkt eingekauft. Besonders eindrucksvoll ist es natürlich für die Kinder, wenn selbst angebautes und geerntetes Gemüse aus dem Schulgarten verwendet werden kann. Beim Zubereiten der Speisen lernen die Kinder wichtige Begriffe kennen und anwenden: Schale, Fruchtfleisch, Stängel, Knolle, Kerne, ...

Gemüse-Pommes mit Jogurt-Ketschup

Zutaten für die Pommes: *allerlei Gemüse, z. B.:* *Möhren* *Kohlrabi* *Paprikaschoten* *Lauch* *Salatgurken*	Wasche das Gemüse gründlich und lasse es dann abtropfen. Schneide es nun in „pommesdicke" Streifen.
Zutaten Jogurt-Ketschup: *einige Esslöffel Jogurt (ohne Fruchtgeschmack)* *Tomatenmark aus der Tube* *Kräuter, z. B. Schnittlauch, Basilikum*	Wie viel Jogurt-Ketschup brauchst du für die Gemüse-Pommes? Gieße die entsprechende Menge Jogurt in eine Schüssel. Rühre passend dazu Tomatenmark hinein, bis es sich vollständig mit dem Jogurt vermischt hat. Mit den Kräutern kannst du das Jogurt-Ketschup jetzt würzen. Natürlich auch mit Salz und Pfeffer.

(Aus: Ingeborg Schenker, Montessori-Projekte. Prögel Praxis 208. Oldenbourg Schulbuchverlag. München 1997)

Brokkolitoast

Brokkoli wird gewaschen, in Röschen zerteilt und 5 Minuten in Salzwasser gekocht. Inzwischen werden Brotscheiben getoastet und mit etwas Butter oder Margarine bestrichen. Der abgetropfte Brokkoli wird auf den Brotscheiben verteilt und mit Salz und Pfeffer gewürzt. Jeweils eine Scheibe Käse wird obenauf gelegt und das Ganze im vorgeheizten Backofen etwa 5 – 7 Minuten bei 200 Grad überbacken.

Möhrenrisotto

Für eine Klasse mit 20 Kindern werden 5 Zwiebeln in Würfel geschnitten und in 10 Esslöffeln Öl angeschmort. Jetzt gibt man 10 Tassen Reis dazu. Unter ständigem Rühren werden sie 5 Minuten leicht geröstet. Nun gießt man 20 Tassen Brühe dazu und rührt 2 kg geraspelte Möhren unter. Jetzt lässt man alles bei niedriger Hitze etwa 20 Minuten quellen. Dann wird 500 g geriebener Käse unter den Reis gemischt. Gewürzt wird mit Curry, Salz und Pfeffer. Man kann auch 5 Esslöffel Rosinen und Sesam oder Mandelstifte dazu geben. Das Möhrenrisotto kann mit viel Petersilie, Nüssen, gekochtem Ei und Apfelspalten zu einem Gesicht garniert werden.

(Aus: Marion Söffker, Meine große Gartenküche. © 1998 Gerstenberg Verlag. Hildesheim)

Kartoffeln im silbernen „Königsmantel“

Pro Person werden 1 – 2 große Kartoffeln unter fließendem Wasser gut abgebürstet. Viereckige Alufolienstücke werden innen mit Öl bestrichen und mit einer Gewürzmischung aus Salz, Kümmel, Pfeffer und Oregano bestreut. Darin werden die Kartoffeln eingewickelt und im vorgeheizten Backofen auf dem Rost etwa 35 bis 50 Minuten bei 220° gebacken. Beim Essen werden verschiedene Soßen gereicht.

Gelbe Senf-Sahnesoße „Goldener Herbst“

5 Esslöffel Sahne, 5 Esslöffel Jogurt, 2 – 3 Esslöffel Senf, der Saft von einer halben Zitrone, 1 Esslöffel Honig und etwas Pfeffer werden verrührt und mit Dill oder Petersilie garniert.

Grüne Soße „Kräuterfee“

Ein Becher Creme fraiche (oder Sahnejogurt) oder 250 g Quark werden mit Milch cremig gerührt. Dann werden 2 Eigelb, etwas Kräutersalz, klein gehackte Kräuter (Schnittlauch, Zitronenmelisse, Kresse, Dill, evtl. die zarten inneren Blätter vom Huflattich) und 2 Esslöffel Honig hinzugegeben und alles wird miteinander vermischt.

Rote Soße „Tomatentraum"

Man lässt eine klein geschnittene Zwiebel, eine rote Paprika und eine Knoblauchzehe mit einigen Esslöffeln Gemüsebrühe köcheln. Zum Schluss werden ein Paket passierte Tomaten, ein Esslöffel Honig, etwas Salz, Pfeffer und 2 Esslöffel Olivenöl hinzugefügt.

(Aus: Barbara Cratzius, Uns gefällt die Herbstzeit. Herder Verlag. Freiburg 1994)

4.3 ERNTEDANK

Lehrerinformation

Das Erntedankfest der christlichen Kirchen gründet sich als ursprüngliches Ess- und Trinkfest auf eine ehedem bäuerliche und anfangs heidnische Tradition mit vielerlei Bräuchen, von denen sich einige in überwiegend landwirtschaftlich geprägten Regionen erhalten haben. Alle Religionen feiern Feste, in denen sie danken für die Früchte des Feldes, für die als Geschenk empfundenen Kräfte der Natur, die alles Leben ermöglichen.
Auch wenn unsere Kinder kaum mehr einen Zugang haben zu dem, was sich zwischen Saat und Ernte vollzieht, erfahren und verstehen sie doch zunehmend die durch die Medien vermittelten Zusammenhänge, die sich in den Begriffen Hunger und Überfluss, Dürre und Überproduktion, Erdbeben, Überschwemmungen usw. spiegeln. Hinter allem steht – gleichsam als Sorge und soziale Verpflichtung – das Bedenken der *„einen, gemeinsamen Welt"*, in der die Erntefrüchte und die Produkte der menschlichen Arbeit so ungleich verteilt sind: Während die einen Überschüsse vernichten, um Preise und Profit zu stabilisieren, sterben andere an Hunger.
Von daher wird es nicht damit getan sein, Erntefrüchte auf Tischen und Altären zu dekorieren und – nur um sich selbst kreisend – Dank zu sagen für die mehr oder minder reiche Ernte. Vielmehr ist der Blick nicht nur für den von uns erfahrenen Überfluss zu richten, sondern auch auf den Hunger dieser Welt, der ganz konkret – und nicht in frommen Wünschen – unsere Solidarität beansprucht. Auch der „andere Hunger", der *Hunger nach Liebe und Geborgenheit, nach einem erfüllten Leben* sollte mitbedacht werden. Nicht wenige sitzen tatsächlich hungrig und frierend an übervollen Tischen.
Als Christen haben wir die Aufgabe und Verpflichtung, Gottes Schöpfung, die Erde, zu bebauen und zu bewahren, das uns Geschenkte zu entfalten, zu nutzen und für andere einzusetzen, das heißt die lebensspendende Fürsorge Gottes auf dieser Erde wahrzunehmen. Das ist nicht die Aufgabe der Erwachse-

nen allein, sondern kann auch Kindern nahe gebracht werden, wenn wir die *Dankbarkeit und mitmenschliche Teilnahme sowie Verantwortung in ihrer Erfahrungswelt* ansprechen und bewusstmachen.
Gott schafft und erhält Leben, für das wir Verantwortung tragen. Die beiden Elemente *Dank und Verantwortung* werden sichtbar am Erntedankfest: Überall auf der Erde danken Menschen für die lebensspendende Fürsorge Gottes, für die Gaben der Natur, für die „Früchte" ihrer Arbeit ...
Hieraus und aus den folgenden Überlegungen lassen sich die entsprechenden *Ziele* für unseren Unterricht entwickeln.

Vorschläge zum bildnerischen Gestalten

Collage „Dankbarkeit"
- Fotos (schwarz-weiß und farbig) von Erntemaschinen im Einsatz, Menschen bei der Ernte und Arbeit (bei uns, in Asien, in Afrika)
- Brot als Symbol für die Frucht der Erde und der menschlichen Arbeit
- Bilder von heimischen und exotischen Erntefrüchten und von Produkten, die aus diesen Früchten hergestellt werden
- Früchte auf einem Erntedanktisch (Fotos oder selbst gemalt)
- Fotos von einem reichlich gedeckten Tisch, von den Dingen um uns herum, die uns das Leben angenehm machen und erleichtern.

Collage „Verantwortung"
- Fotos und Bilder zum Gegensatz „Armut-Reichtum"
- vom Hunger gezeichnete afrikanische Kinder; sorglos spielende Kinder bei uns
- Flüchtlinge; Urlaubsidyllen auf Ansichtskarten
- Hände, die zupacken und helfen; Krieg und Vertreibung, Gewalt
- Zerstörung der Natur, Wohlstandsmüll und andere Folgen des Überflusses
- Verschwendung; ausgedörrte Felder und Böden

In beiden Collagen sollten auch die Aspekte dargestellt werden, die unseren (nichtmateriellen) Hunger nach Liebe und Geborgenheit, nach Zuwendung und Verständnis betreffen.
Durch eingestreute Kurztexte und Begriffe können die Bildaussagen zusätzlich erläutert oder auch mit einem Fragezeichen versehen werden und so zu weiteren Einsichten führen, z. B.:

danken und teilen

Einladungen zum Erntedankfest

Die *Drucktechniken,* die im Folgenden aufgelistet sind, lassen sich untereinander kombinieren, durch andere grafische Techniken erweitern oder verändern und damit den jeweils konkreten Möglichkeiten anpassen. Ob der Einladungstext vor dem Druck geschrieben, „gemalt" oder zuletzt in die zuvor ausgesparte Fläche der Vorlage gedruckt oder ganz anders gestaltet wird, ist zuerst eine Frage der Fantasie der Kinder und des Lehrers, aber auch abhängig von der zur Verfügung stehenden Zeit und anderen Vorgaben.

Pappschablonendruck
Material: Dünne Pappe, Schere, Plakatfarben, Papier, Karton
Vorgehen:
- „Figuren" auf Pappe aufzeichnen und ausschneiden
- auf Karton kleben und einfärben
- Papier auflegen und andrücken/darüberreiben
- Papier abziehen

Schnurdruck
Material: Pappe, Bindfäden, Klebstoff, Plakatfarben, Walze
Vorgehen:
- „Figuren" in Umrissen auf Pappe zeichnen
- Figuren mit Klebstoff nachfahren
- Schnur daraufkleben und trocknen lassen
- mit eingefärbter Walze über Schnurbild rollen
- Papier auflegen und mit der sauberen Walze darüberfahren
- Papier abziehen

Abklatschtechnik
Material: Kunststoffplatte, Papier, Plakatfarben, Pinsel, Wasser
Vorgehen:
- Bild auf Kunststoffplatte malen
- Papier auflegen und mit weichem Tuch andrücken
- Blatt abziehen (ggf. weitermalen oder mit anderen Drucktechniken ergänzen und weiterführen)

Frottage
Material: Papier, Wachsstifte, verschiedene Materialien wie Blätter, Baumrinde, grobe Stoffe, stark strukturierte Tapeten u. a.
Vorgehen:
- Gegenstände unter das Papier legen
- Muster/Struktur mit Wachsstift durchreiben (ggf. in verschiedenen Richtungen)

Milchtütendruck
Material: Innenseiten von Milchtüten (beschichtet), Nagel oder Kugelschreiber, Papier, Deckfarben

Vorgehen: – mit Nagel/Kugelschreiber auf die Innenseiten zeichnen
– Milchkarton (= Druckstock) mit Farbe einwalzen
– Papier auflegen und mit Tuch andrücken
– Papier abziehen
(Alternativen: Druckstöcke aus Holz, Styropor, Metallfolie)

Abdrucktechnik
Material: Kunststoffplatte, Deckfarben, saugfähiges Papier, Gummiwalze, flache Naturgegenstände: Blätter, Gräser, Baumrinden
Vorgehen: – Kunststoffplatte und daraufliegende Naturgegenstände mit Farbe einrollen
– Gegenstände abheben
– Papier auf Platte legen und mit Tuch andrücken
– Papier abheben
– mit den eingefärbten Gegenständen entsprechend verfahren

Brotbacken

Brot steht für das, was unser Leben trägt
„Was hat der Mensch von all seinem Wissen, wenn er nicht weiß, wo das Brot herkommt“, hat *Johann Heinrich Pestalozzi* (1746 – 1827) gesagt. Das war zu einer Zeit, als Bauern selbst noch in Städten wohnten, Kinder die Kornsäcke auf Handkarren zur Mühle brachten und die Backöfen noch in allen Dörfern standen. Für viele, die nur in Großmärkten kaufen, kommt das Brot aus der Brotfabrik, und Pestalozzi konnte gar nicht ahnen, wie sehr die Menschheit einmal von ihren Ursprüngen abgeschnitten sein würde.
Brot ist nicht ein Nahrungsmittel unter vielen – Brot steht für unsere Ernährung schlechthin. Ob es nun heißt: „Im Schweiße deines Angesichts sollst du dein Brot essen“ oder ob wir beten: „Unser tägliches Brot gibt uns heute“, immer ist das Brot der Inbegriff für alles, was unser Leben trägt.

(Aus: Hubertus Halbfas, Religion in der Grundschule. © Patmos Verlag, Düsseldorf)

Zuerst setzen wir Sauerteig an:
Für 500 g Roggenmehl benötigen wir ca. 15 g Zucker und die gleiche Menge Hefe. Mehl und Hefe werden in einem Liter handwarmen Wasser aufgelöst. Das Ganze lässt man *zwei Tage* lang zugedeckt stehen, dann ist der Sauerteig fertig. Im Kühlschrank hält sich der so angesetzte Sauerteig über eine Woche.

Wir dreschen, mahlen und backen:
Wir sprechen über den langen Arbeitsweg vom Korn zum Brot und beschließen dann, diese Arbeiten selbst zu erproben.

Sinnvoll ist es, hierfür eine Zeit zu wählen, in der *ein Bund ungedroschenen Getreides* (Roggen und Weizen) erreichbar ist, bzw. man kann sich einen solchen Bund für die spätere Arbeit zurücklegen. Wenn es dann soweit ist, bekommt jedes Kind eine Handvoll Ähren zum Dreschen. Man kann mit einer Holzrolle darüber fahren oder mit Stöcken darauf schlagen, notfalls sogar mit den Fingern die Ähre leeren. So erhalten wir Körner und Spreu. Wie sollen wir dieses Gemisch trennen? Es hochwerfen und dann in die fallenden Körner pusten, will nicht recht gelingen. Besser ist es, sanft über den Boden zu pusten, sodass nur die Spreu wegfliegt, die Körner aber liegen bleiben. Wenn wir genügend Korn für unsere Brote selbst dreschen wollten, wird die einmalige Anstrengung dazu nicht ausreichen. Wir müssten viele Tage weiterdreschen, bis es für alle reicht. Andernfalls können wir Roggen- und Weizenkörner im Reformhaus kaufen. Wir vergleichen Weizen- und Roggenkorn und hängen Ähren bzw. Bilder von Ähren auf.
Die Körner mahlen, ist eine mühsame Sache. Zunächst mag es jeder mit zwei Steinen versuchen. Wie das ermüdet! Kostbar würde ein Butterbrot, müssten wir uns immer so anstrengen. Doch gibt es ja auch Handmühlen, die wir eifrig und im Wechsel der Kräfte drehen. Wenn wir eine elektrische Mühle (Kaffeemühle) benutzen, können wir spüren, wie schnell sie warm wird. Die Hitze im Innern – wie sie alle modernen Mühlen erzeugen – schadet den Vitaminen im Mehl und mindert seinen Wert; darum wollen wir uns lieber anstrengen und alles Korn von Hand mahlen. Schließlich haben wir genügend Mehl gewonnen, um unser Brot zu backen.
Inzwischen ist unser *Sauerteig,* den wir zu Beginn der Arbeiten angesetzt haben, wundersam gewachsen. Nun kann das Werk beginnen. Zu viert stehen die Kinder an ihren Arbeitstischen. Zuerst füllen sie Mehl in ihre Schüssel und machen dann eine Kuhle in den Mehlberg, in die sie den Sauerteig füllen. Nun beginnt der schwierige Teil der Arbeit. Der Sauerteig muss zerbröselt, im Wasser verrührt und mit dem Mehl vermengt werden. Wer den Hefebrei nicht gut mit Mehl bestreut hatte, dem kleben nun bald die Hände voller Teig. In trockenem Mehl gerieben, werden sie wieder arbeitsfähig.
Schließlich hat jedes Kind *sein Teigstück* vor sich, das nun tüchtig geknetet und gerollt werden will. Das ist eine Arbeit, die allen Freude macht. Manche mögen gar nicht aufhören, aber das ist gut so, denn je besser der Teig durchgeknetet wird, um so besser wird das Brot. Vielleicht wird der Batzen, den jeder bearbeitet, vom tüchtigen Walken rissig, dann muss erneut eine kleine Höhlung gebildet und vorsichtig etwas Wasser nachgegossen werden. Klebt der Teig an den Fingern, ist der Mehlanteil zu gering. Man muss so lange kneten, bis der Teig glatt und trocken ist. Jetzt braucht der Teig – bei den meisten Rezepturen – eine Ruhezeit. „Er muss gehen", sagt der Bäcker dazu. Was mag

das für eine seltsame Ruhe sein, die zugleich ein Gehen ist? Jedes Kind deckt ein mitgebrachtes Küchentuch über den „Ruhebedürftigen“, hütet ihn auch vor Zugluft und Kälte – denn der Teig liebt es möglichst warm – und rätselt, was jetzt nun unter den Tüchern vor sich gehen mag. Sobald dann die Tücher gelupft werden, ist das Erstaunen groß über die wunderbare Vergrößerung. Noch einmal wird nun geknetet. Dann formt jedes Kind seinen Laib, oder wir arbeiten die kleineren Teigstücke ineinander und bilden einen großen Laib. Vielleicht drücken wir Kerben hinein oder schmücken den Rücken des Brotlaibes mit einem Kreuz. Noch einmal bekommt der Teig eine kleine Ruhezeit, dann werden die Laibe in den vorgeheizten Backofen geschoben. Hier dürfen sie einander nicht zu nahe kommen, da sie möglicherweise, je nach Art des Brotes, noch weiter „gehen“. Auf das Ende der Backzeit warten alle Kinder gespannt. Es ist ein Erlebnis, wenn alle Kinder ihr Brot entgegennehmen, und ohne Zweifel werden sie es am gemeinsamen Tisch mit großer Andacht essen.

(Aus: Hubertus Halbfas, Religion in der Grundschule. © Patmos Verlag, Düsseldorf)

Legende: Brotbrechen

König Magnus der Gute hatte zu einem Mahl geladen. Das Fest fand auf dem Schiff des Königs statt. Als die Gäste an der Tafel beisammen sitzen, kommt ein Fremder auf das Schiff zu gelaufen. Er klettert an Bord und eilt – ohne Blick und Gruß – an den Tisch des Königs. Hier nimmt er ein Brot, bricht ein Stück davon und isst es vor aller Augen. König Magnus ist verblüfft. „Wer bist du?“, fragt er. „Ich heiße Thorfin.“ – „Bist du der Jarl Thorfin?“ – „So nennen mich die Männer“. Da wird der König bleich. „Thorfin“, sprach er, „ich hatte geschworen, wenn wir uns jemals treffen würden, solltest du hinterher niemandem mehr davon erzählen können. Doch nach dem, was jetzt geschehen ist, kann ich dich unmöglich töten lassen. Von nun an soll Frieden zwischen uns sein!“ Dabei waren es keine Kleinigkeiten, die zwischen beiden standen: Thorfin war ein Gefolgsmann des Königs gewesen. Doch dann hatte er gegen den König gearbeitet und sogar dessen Verwandten Rögnwald getötet.
Was war geschehen, um sogar eine Todfeindschaft zu überwinden?

(Aus: Hubertus Halbfas, Religionsbuch für das 3. Schuljahr. © Patmos Verlag, Düsseldorf)

In dieser Legende aus einer alten isländischen Sammelhandschrift geht es – über den vordergründigen Sinnbezug hinaus – um die *friedensstiftende Wirkung von gemeinsamem Essen und Trinken,* um die Kultur des Mahles, die heute zunehmend schwächer empfunden wird und nicht selten erschreckende Formen annimmt.

Aus der Geschichte kennen wir das gemeinsam begangene Fest, das ein Bündnis besiegelte, die Beendigung von Streit und Krieg durch gemeinschaftliches Essen und Trinken; der Unfreie erhielt seine endgültige Freiheit, nachdem er mit seinem Herrn gegessen und getrunken hatte.
Wenn wir Erntedank feiern, an einem Tisch gemeinsam essen und trinken, dann entfalten wir etwas von dem, was im Text so formuliert wird: *„Von nun an soll Frieden zwischen uns sein!"*

Wie die Brotvermehrung weitergehen könnte

Die Speisung der Fünftausend (Mt 14, 15 – 21)

Als es Abend wurde, kamen die Jünger zu ihm und sagten: Der Ort ist abgelegen, und es ist schon spät geworden. Schick doch die Menschen weg, damit sie in die Dörfer gehen und sich etwas zu essen kaufen können. Jesus antwortete: Sie brauchen nicht wegzugehen. Gebt ihr ihnen zu essen! Sie sagten zu ihm: Wir haben nur fünf Brote und zwei Fische bei uns. Darauf antwortete er: Bringt sie her! Dann ordnete er an, die Leute sollten sich ins Gras setzen. Und er nahm die fünf Brote und die zwei Fische, blickte zum Himmel auf, sprach den Lobpreis, brach die Brote und gab sie den Jüngern; die Jünger aber gaben sie den Leuten, und alle aßen und wurden satt. Als die Jünger die übrig gebliebenen Brotstücke einsammelten, wurden zwölf Körbe voll. Es waren etwa fünftausend Männer, die an dem Mahl teilnahmen, dazu noch Frauen und Kinder.

(Aus: Die Bibel. Einheitsübersetzung. Herder Verlag. Freiburg/Basel/Wien 1980)

Unser Getreide

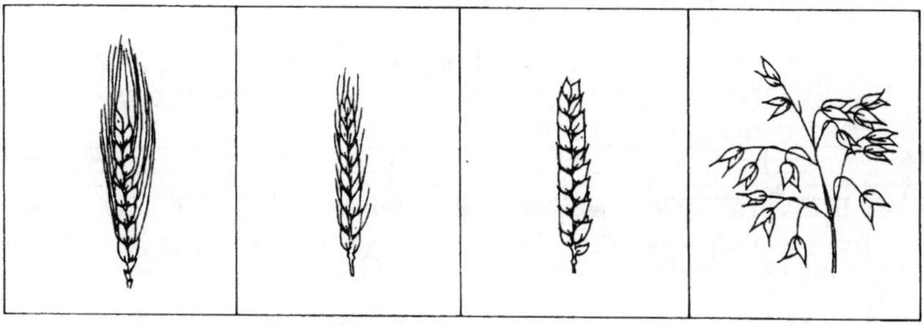

______ ______ ______ ______

① Schreibe die Namen der vier Getreidearten auf.

② Beschreibe die Unterschiede.

Gerste: ______________________

Hafer: ______________________

Roggen: ______________________

Weizen: ______________________

Ähre mit kurzen/langen Grannen Ähre ohne Grannen Rispe

③ Aus welcher Getreideart werden diese Produkte hergestellt? Schreibe den richtigen Anfangsbuchstaben G, H, R oder W davor.

☐ helles Mehl, Weißbrot, Kuchen, Grieß, Nudeln

☐ dunkles Mehl, Schwarzbrot, Vollkornbrot

☐ Haferflocken ☐ Bier

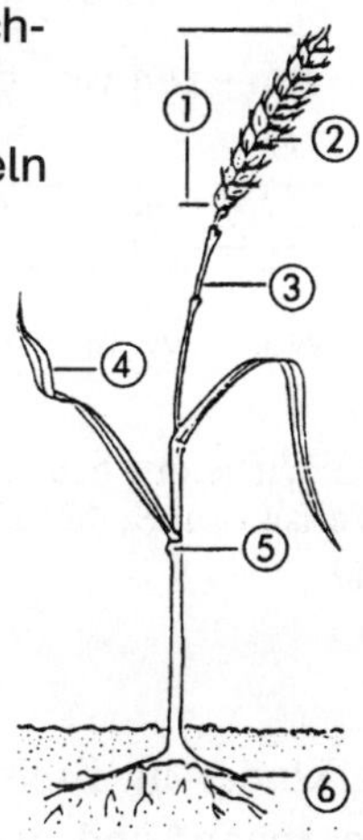

④ Ordne den Pflanzenteilen zu.

○ Halm ○ Knoten

○ Wurzel ○ Spelze mit Korn

○ Blatt ○ Ähre

Tanzen wir den Erntetanz

Wir umtanzen mit den Kindern einen geflochtenen Erntekranz und singen und spielen dabei das folgende Tanzlied:

Erntetanz

Text: Rolf Krenzer
Melodie: Ludger Edelkötter

(Aus: Wir feiern heut ein Fest/Weil du mich so magst. Musikrechte: KiMu KinderMusikVerlag GmbH, 42555 Velbert. Textrechte Rolf Krenzer, Johannstr. 11, 35683 Dillenburg)

Die Kinder im Kreis halten Erntefrüchte in Händen. Jeweils nach „soll ein jeder sehen“ und „wollen wir euch zeigen“ tritt ein Kind vor, um seine Frucht allen zu zeigen. Anschließend reiht es sich wieder in den Tanzkreis ein.

Wir verschönern unser Singen, Spielen und Tanzen, wenn wir den Raum mit bunten Bändern (z.B. aus Krepppapier) schmücken, die farbigen Papierstreifen „verbindend“ von Kind zu Kind spannen, um damit Gemeinsamkeit und Freude auszudrücken.
Anschließend – aber auch während des Tanzes – können wir unser Tun durch einen gesprochenen Text „erweitern“:

1. Kind: Gott, du Schöpfer allen Lebens,
du hast uns die Erde anvertraut,
damit wir sie bebauen und bewahren
und im Frieden leben
mit deinen Geschöpfen.

2. Kind: Schenke uns die wärmenden Strahlen
der Sonne und den lebensspendenden Regen.
Gib uns deinen Segen, damit wir deine
Geschenke nutzen und sie für andere
einsetzen.

Erntedankgebet

Ich habe satt zu essen
und Schuh und Kleider auch
und Menschen, die mich lieben,
und was ich sonst noch brauch.

Ich dank dir, Gott, für alles,
du machst mich reich und froh.
Doch lass mich nicht vergessen,
dass Kinder anderswo

vielleicht am Abend weinen
und hungrig sind und arm.
Gott, du kannst vieles machen:
gib, dass sie wieder lachen,
und mach sie satt und warm.

(Aus: Renate Schupp, Steig ein – fahr mit. © Verlag Ernst Kaufmann. Lahr)

5. Tiere im Herbst

Winterschlaf und Winterruhe

Wenn der Sommer vorbei und es morgens kalt und dunkel ist, möchten wir am liebsten weiterschlafen. Manche Tiere tun das:
Zu den Winterschläfern gehören Hamster, Dachs und Igel. Der Siebenschläfer verschläft sogar sieben bis acht Monate im Jahr. Während des Winterschlafs schlägt das Herz der Tiere langsamer und ihre Körperwärme (im Sommer + 35 °C) sinkt jetzt auf die Temperatur der nächsten Umgebung ab. Die Energie, die beim Winterschlaf verbraucht wird, haben sich die Tiere im Frühling und im Sommer als Fettpolster „angefressen“. Der Igel sucht sich an einer geschützten Stelle – z. B. unter einem Laubhaufen – ein geeignetes Winterquartier, das er mit Blättern, trockenen Gräsern und Moos auspolstert.
Eichhörnchen und Feldhamster gehören zu den Winterruhern. Sie verschlafen zwar die meiste Zeit im Winter, bekommen aber zwischendurch Hunger und wachen auf. Alle paar Tage stärkt sich der Feldhamster in seiner Vorratskammer unter der Erde, die er vor seiner Winterruhe mit Getreidekörnern gefüllt hat.

Vorschläge für den Unterricht
- Bilder von den genannten Tieren sammeln, auf ein Plakat kleben und beschriften.
- Weitere Informationen in Sachbüchern und Lexika suchen.
- Ein Rätsel entwickeln, in dem nach den genannten Tieren und ihrem Verhalten gefragt wird.
- Winterschlaf, Winterruhe und Winterstarre unterscheiden und diese Phänomene den entsprechenden Tieren zuordnen.

5.1 IGEL

Sachinformationen

Der Igel wird 20 bis 30 cm lang und wiegt zwischen 400 und 1100 g. Herausragende Merkmale sind sein graubraunes Stachelkleid, die spitze Schnauze und die rundlichen kurzen Ohren.
Er frisst Insekten, wirbellose Tiere, Vogeleier, Früchte und kleine Wirbeltiere. Igel schlafen am Tag und werden erst in der Dämmerung oder in der Nacht aktiv.

Die Jungen kommen nach einer Tragzeit von fünf bis sechs Wochen im Mai/Juni zur Welt. Sie wiegen etwa 12 bis 15 g, sind bei der Geburt blind und haben noch ein weiches Stachelkleid.
Igel benötigen einen Lebensraum mit genügend Nahrung und Deckung. Sie kommen in Laub- und Mischwäldern, Hecken, Parks und Gärten vor.

Materialien und Spielideen

Igel-Memory

Zuordnen von Bild- und Textkarten

Material: Memory-Karten (siehe Kopiervorlage S. 176)
Spieler: drei

Igelfest

Programmvorschlag
1. Igel Schnief in seiner Blätterburg
2. Lied: Spiellied von den Igeln
3. Gedicht und Spiel: Fuchs und Igel (Josef Guggenmos)
4. Igelausstellung
5. Igelfreundlicher Garten
6. Igelerlebnisse
7. Der Apfel
8. Lied: Was raschelt da im Laub?`

1. Igel Schnief in seiner Blätterburg

Material: Zeichenblock, Schwämmchen, Wasserfarben, Pappstücke, getrocknete Blätter

Die Kinder färben ihr Blatt mit einem Schwämmchen grün oder beige ein. Dann zeichnen sie auf diesem Hintergrund einen Igel und drucken die Stacheln mit einer Pappkante. Um den Igel herum kleben sie Blätter.

		Der Igel ist meist im Dunkeln unterwegs.
Igel fressen am liebsten: Schnecken, Würmer, …	Habicht und Uhu sind mir ihren langen Krallen große Feinde des Igels.	
Straßen und Bahndämme sind für den Igel lebensgefährlich.	Ein kranker Igel hat herunter- hängende Stacheln.	
		Bei Gefahr rollt sich der Igel ein.

		Die neugeborenen Igel sind 5,5 bis 7 cm groß, blind und hilflos.
		Der Igel verschläft die kalten Monate. (November, Dezember, Januar, Februar, März)
Eine Igelmutter bringt drei bis sieben Junge zur Welt.		Der Igel findet seine Beute mit der feinen, feuchten Nase und dem guten Gehör.
Der Igel frisst sich einen Winterspeck an.		Verstecke des Igels: Reisighaufen, Holzstöße, Komposthaufen, dichte Hecken, Laubhaufen.

2. Spiellied von den Igeln

2. Oh, die Stacheln, oh, die Stacheln
stechen, pieken sehr!
Warum müsst ihr sie so spreizen,
hört doch einmal her!

3. Oh, ihr Igel, oh, ihr Kinder,
zieht die Stacheln ein!
Dann rückt lieb und nah zusammen.
Lasst uns Freunde sein!

4. Kommt, wir reichen uns die Hände,
keiner bleibt allein,
und wir holen alle Kinder
in den Kreis hinein.

(Aus: Barbara Cratzius, Herbst im Kindergarten. Herder Verlag. Freiburg 1989)

In der Kreismitte liegen drei Igelkinder und spielen pantomimisch zu den Strophen 1 – 3. Die anderen Kinder halten sich an den Händen und drehen sich im Kreis. In der vierten Strophe stehen die Igelkinder auf und holen einige Eltern in den Kreis. Die letzte Strophe kann mehrmals gesungen werden.

3. Gedicht und Spiel: Fuchs und Igel

Der Fuchs rief: „Ei, was hab ich gefunden: Dich, Igel, dich runden!
Dass ich dich treffe, wie wunderbar! Jetzt kann ich dich fressen mit Haut und Haar!
Ich bin groß, und du bist klein, du passt gut in mich hinein!
Her, du feines Mittagessen: Augen zu, du wirst gefressen!“
Wupp! – Die Stacheln haben gestochen. Das Maul war geschwollen noch nach drei Wochen.
Nach drei Wochen trafen sich beide zufällig wieder hinter einer Weide.
Hinter einer Weide bei einem alten Schuh. Der Igel: „Da bist du ja wieder, du!“
Drauf der Fuchs: „Dich fresse, wer mag! Guten Tag!“

Josef Guggenmos

(Aus: Josef Guggenmos, Sonne, Mond und Luftballon. 1984 Beltz Verlag, Weinheim und Basel. Programm Beltz & Gelberg. Weinheim)

Zwei Kinder tragen das Gedicht mit verteilten Rollen vor, zwei andere Kinder stellen es pantomimisch dar.

4. Igelausstellung

- Wissenswertes über den Igel (Feinde, Stacheln, Geruchssinn, Gehör, Nachttiere, Nahrung, ...)
- Nachbau eines Igelnestes auf einem Plakat mit Naturmaterialien
- eine Leiste mit Igelbildern zum Igeljahr (Was macht der Igel in den einzelnen Monaten?)
- gesammelte Igelbilder oder -artikel aus Illustrierten
- Plakat: Igel in Not (Gefahren für den Igel: Autos, falsche Nahrung durch den Menschen, Feuer, Schneckengift, Raubvögel, unabgedeckte Abflussrohre oder Lichtschächte)
- Information über die nächste Igelstation

5. Igelfreundlicher Garten

Die Kinder stellen anhand von gemalten Bildern ihren igelfreundlichen Garten vor:
Der Igel ist ein nützliches Gartentier. Er frisst die Schädlinge (Schnecken, Raupen, Käfer, ...). Der igelfreundliche Garten besteht aus Hecken, Reisighaufen, Holzstößen, Komposthaufen (Versteck) und einer Blumenwiese (viele Insekten). Der Besitzer verwendet keine Schädlingsbekämpfungsmittel.

6. Igelerlebnisse

Hier lesen die Kinder Igelgeschichten vor, selbst erfundene oder aus Kinderbüchern. Die Eltern werden befragt, ob sie schon ein „Igelabenteuer" erlebt haben.

7. Der Apfel

Es war im Spätherbst. Die Bäume hatten ihr Laub längst verloren und nur an einem wild wachsenden Apfelbaum hing in der Krone noch ein Apfel. Just zu dieser Zeit lief ein Hase durch den Wald und erblickte den Apfel. Wie sollte er aber da herankommen, so hoch konnte er nicht springen! „Krah-krah!"
Der Hase schaute nach oben. Auf der Tanne saß eine Krähe und lachte ihn aus. „He, Krähe!", rief der Hase. „Pflücke mir den Apfel!" Die Krähe flog zum Apfelbaum und pflückte den Apfel. Er war jedoch zu schwer und fiel ihr aus dem Schnabel. „Hab Dank, Krähe!", sagte der Hase und wollte den Apfel aufheben, der aber fauchte wie ein lebendiger... und lief davon. Was sollte das?

Der Hase erschrak, hatte die Ursache aber schnell herausgefunden: Der Apfel war auf einen schlafenden Igel gefallen. Schlaftrunken, wie er war, war er mit dem Apfel auf den Stacheln losgestürzt.
„Halt! Bleib stehen!“, rief der Hase. „Wohin willst du mit meinem Apfel?“ Der Igel blieb stehen und sprach: „Das ist mein Apfel. Er ist heruntergefallen, und ich habe ihn aufgefangen.“ Der Hase rannte zum Igel.
„Gib mir sofort den Apfel zurück! Ich habe ihn entdeckt!“ Da kam auch die Krähe angeflogen. „Ihr streitet umsonst“, sagte sie, „das ist mein Apfel, ich habe ihn gepflückt!“ Keiner sollte dem anderen Recht geben, jeder schrie: „Das ist mein Apfel!“ Der Lärm hallte durch den ganzen Wald. Die drei rauften sich bereits: Die Krähe hatte den Igel in die Nase gezwickt, der Igel hatte den Hasen mit seinen Stacheln gestochen und der Hase die Krähe mit dem Fuß getreten ...
Da kam der Bär gelaufen und brüllte: „Was soll das? Was soll der Lärm?“
Alle drei stürzten zu ihm: „Michail Ivanowitsch, du bist der Größte und Klügste im Wald. Schlichte unseren Streit. Wem du den Apfel zusprichst, der soll ihn haben.“ Und sie erzählten dem Bären, was geschehen war. Der Bär dachte nach, kratzte sich hinterm Ohr und fragte: „Wer hat den Apfel gefunden?“ „Ich!“, antwortete der Hase. „Und wer hat ihn gepflückt?“ „Ich war es!“, krähte die Krähe. „Gut, und wer hat ihn aufgefangen?“ „Ich habe ihn aufgefangen!“, sagte der Igel. „Also“, überlegte der Bär, „habt ihr alle Recht und deshalb muss jeder von euch einen Apfel bekommen...“. „Aber es ist doch nur einer!“, sagten Hase, Igel und Krähe. „Teilt den Apfel in gleiche Teile und nehmt euch jeder ein Stück.” Da riefen alle im Chor: „Warum ist uns das nicht gleich eingefallen?“ Der Igel nahm den Apfel und teilte ihn in vier Stücke. Ein Stück reichte er dem Hasen: „Das ist für dich, Hase, du hast den Apfel als Erster entdeckt.“ Das zweite Stück gab er der Krähe: „Das ist für dich, Krähe, du hast den Apfel gepflückt.“ Das vierte Stück legte der Igel dem Bären in die Pfote. „Und das ist für dich, Michail Ivanowitsch.“ „Wieso für mich?“, wunderte sich der Bär. „Ja, deshalb, weil du unseren Streit geschlichtet und uns Verstand gelehrt hast!“ Jeder aß sein Stück Apfel und alle waren sie zufrieden, wie der Bär Recht gesprochen und niemanden benachteiligt hatte.

(Aus: W. Sutejew, Lustige Geschichten. Leiv Verlag. Leipzig 1994)

Die Kinder zeichnen mit Folienstiften passende Bilder auf Overheadfolien und zeigen diese beim Vorlesen.

Was raschelt da im Laub?

Refrain:
Was raschelt da im Laub? Sch...sch...sch.
Was raschelt da im Laub? Sch...sch...sch.

1. Strophe
Da schaut ein spitzes Näschen scheu heraus und huscht
tip tip tip tip tip tip tip ins Igelhaus.
Tip tip tip tip tip tip tip ins Igelhaus.

2. Strophe
Der Wurm dort, das Apfelstückchen! Friss noch schnell was an! Denn bald
ouaouaouaoua fängt der Winterschlaf an!
ouaouaouaoua fängt der Winterschlaf an!

3. Strophe
Gib Acht! Der Dachs dort! Roll' dich schnell zusamm' und dann
pieks pieks pieks pieks pieks pieks pieks tut dir keiner was an.
pieks pieks pieks pieks pieks pieks pieks tut dir keiner was an.

(Aus: Thomas Blendinger, Kennst du den Herrn Celsius? Neue Lieder für den Sachunterricht im 1. und 2. Schuljahr (mit Kassette). Prögel Kopiervorlagen 44. Oldenbourg Schulbuchverlag 1996)

5.2 EICHHÖRNCHEN

Sachinformationen

Das Eichhörnchen erreicht eine Größe bis zu 30 cm, sein Schwanz hat eine Länge von ca. 25 cm. Das Fell ist rostrot bis schwarzbraun. Herausragendes Merkmal ist sein langer, buschiger Schwanz. Es frisst vorwiegend Nüsse, Bucheckern, Beeren, Pilze und Insekten. Nach fünf Wochen Tragzeit werden zweimal im Jahr drei bis sieben Junge in Baumnestern, so genannten Kobeln, geworfen. Mit rund zwei Monaten werden die Jungen selbstständig. Die Eichhörnchen leben im Nadelwald, in Parks und Gärten, aber auch mitten in der Stadt. Sie überwintern in ihren Kobeln (Winterruhe). Die Eichhörnchen sind hervorragend an das Leben in den Baumwipfeln angepasst. Sie klettern mit Leichtigkeit an Baumstämmen auf und ab und können von einem zum anderen Baum springen.

Frage- und Antwortspiel

Material: Karten, kleine Duplo-Legosteine, Würfel (drei Seiten sind mit dem Bild eines Eichhörnchens beklebt, drei Seiten mit einem roten Klebepunkt)
Spieler: zwei oder drei Spieler, ein Spielleiter

Der Spielleiter legt die Fragekarten vor sich auf einen Stapel. Der erste Spieler würfelt. Würfelt er ein Eichhörnchen, zieht der Spielleiter die erste Frage und liest sie vor. Der erste Spieler versucht sie zu beantworten. Ist die Antwort richtig, erhält er einen Duplostein und die Karte wird beiseite gelegt. Ist die Antwort falsch, wird die Karte unter den Kartenstapel gelegt und das nächste Kind kommt an die Reihe. Würfelt es Rot, setzt es aus. Die gesammelten Duplosteine werden aufgesteckt. Das Kind mit dem höchsten „Baum“ hat gewonnen.

Stimmt das Sprichwort: Mühsam ernährt sich das Eichhörnchen? A: Ja. Denn es muss für seinen Wintervorrat an die 10 000 Nüsse, Eicheln, Kastanien,... verstecken.	Wozu benutzt das Eichhörnchen seinen Schwanz? A: Als Fallschirm, Steuerruder, Balancierhilfe, Schutz gegen Sonne, Regen und Kälte und als Tragetasche für die Jungen.	
Was kann das Eichhörnchen besonders gut? A: Es kann gut klettern und von einem Baum zum anderen springen.	Wie findet das Eichhörnchen seine versteckten Vorräte wieder? A: Es hat eine gute Nase und ein gutes Gedächtnis.	Woran merkst du, dass ein Eichhörnchen da war? A: An den abgenagten Tannenzapfen und den leeren Nussschalen.
Welche Farbe hat das Fell eines Eichhörnchens? A: Dunkelgrau bis schwarz	Wo wohnt das Eichhörnchen? A: Im Wald, in Parks, in Gärten	Was frisst das Eichhörnchen? A: Nüsse, Bucheckern, Nadelbaumsamen, Beeren, Pilze, Knospen, Schnecken, Insekten, Eier, Jungvögel
Wie alt wird das Eichhörnchen? A: Bis zu zwölf Jahre	Wie nennt man das Nest des Eichhörnchens? A: Kobel	Wie sieht das Nest des Eichhörnchens aus? A: Es ist ein Kugelnest hoch im Baum aus Zweigen und wird mit Moos, Gräsern und Halmen ausgepolstert.
Wie überwintert das Eichhörnchen? A: Es hält Winterruhe. Wenn es zwischendurch wach ist, verzehrt es seine Vorräte.	Wie lang wird das Eichhörnchen? A: Bis zu 25 cm; für den Schwanz kommen noch einmal 20 cm dazu.	Wie schwer wird ein Eichhörnchen? A: Bis zu 480 Gramm
Wie oft im Jahr bekommt das Eichhörnchen Junge? A: Ab April zweimal, drei bis sieben Junge.	Wie lange bleiben die Eichhörnchenjungen im Kobel? A: Sie bleiben 45 Tage im Kobel. Mit acht Wochen sind sie dann so selbstständig, dass sie auswandern.	Wie viele Pfoten hat das Eichhörnchen? A: Vier: zwei Vorderpfoten und zwei Hinterpfoten
Welche Form haben die Ohren des Eichhörnchens? A: Dreieckig	Nenne die beiden Hauptfeinde des Eichhörnchens. A: Habicht und Marder	Wie sehen die neugeborenen Eichhörnchen aus? A: Sie sind nackt, blind und taub.

Hörspiel: Salto, das kleine Eichhörnchen

Text	Instrumentalbegleitung
Ich heiße Salto, das kleine Eichhörnchen.	Triangel
Ich schaue gerade aus meinem Kobel heraus.	Schlagstäbe (Puffer-Schlag)
Draußen dämmert es schon.	Metallophon (langsam und zart)
Ich bin noch ganz verschlafen und gähne und recke mich.	Altmetallophon (sehr weich und langsam gespielt)
Mein Magen knurrt.	Fingertremolo auf Rahmentrommel
Ich springe von Ast zu Ast.	Xylophon und Rahmentrommel (flott)
Plong! Jetzt bin ich auf der Erde.	kurzer Schlag auf der Rahmentrommel
Die welken Blätter rascheln.	Schellenrassel (zwirbeln – Drehen am Stiel)
Hier hängt noch eine Nuss am Haselstrauch.	mit dem Finger über das Fell einer Rahmentrommel reiben, kurzer Schlag
Mm, die schmeckt!	Tremolo mit Schlägstäben
Horch! Da war doch etwas!	langsames Glissando auf einem Metallophon
Jetzt nichts wie weg!	rasche Schläge auf dem Metallophon
Ich flitze den Baum hinauf!	Schlagstäbe (rhythmisch)
Ich hüpfe von Ast zu Ast,	Xylophon, Glockenspiel, Rahmentrommel
springe wieder auf den Boden,	kurzer Schlag auf der Rahmentrommel
schlage Haken,	schnelle, rhythmische Glissandi auf dem Glockenspiel
klettere wieder auf einen Baum hinauf	Schlagstäbe (rhythmisch)
und verstecke mich in einer Spechthöhle.	kurzer Schlag auf der Rahmentrommel
Ich warte. Ich höre nur noch Wassertropfen.	Stoppschläge auf Metallophon, weiche Einzeltöne auf Xylophon
Geschwind springe ich zu meinem Kobel.	Xylophon
Geschafft!	Schlag auf Rahmentrommel
Ich liege in meinem Kobel,	Altmetallophon (weich gespielt)
lausche dem Wind und dem Regen.	große Trommel (leicht mit den Händen über das Fell wischen)/ Fingertremolo auf Fellinstrumenten
Tschüss Kinder, bis zum nächsten Abenteuer!	